攀壁 - BAG`BIAG` 攀爬牆壁 。

攀上樹 - BAG`SONG SU^：爬上樹 。

捭 — BAG`：自動張開，不用他力自開。讀音 BOI。

捭嘴 - BAG`ZOI^ 自張嘴巴 。

捭目 - BAG`MUG` 自己張開眼睛 。

吸 — BAG^：抽煙。 讀音 ： KIB`。

吸煙 - BAG^ IAN 吸煙 。

縛 — BAG^：綁、繫 （ 福佬音）。讀音：FUG^。

縛腳 - BAG^ KA 纏腳。

縛腳母 - BAG^ KA MAv 纏腳女人：變音為 - BAG^ HAv MAv。

跛 — BAI：腳不良於行。讀音：BOI`。

跛腳 - BAI GIOG`。

腳跛跛 - GIOG` BAI BAI。

臂 - BAI：片狀物。讀音：BI`。

竹臂也 - ZUG`BAI IE`：竹片。用以糊漿糊、抹藥、吃碗粄的竹片。

槳臂 - JIONG`BAI 船槳 。

排 - BAIv：排列，擺設。讀音 PAIv。

排列 - BAIv LIED^ 。

排桌凳 - BAIv ZOG`DEN^ 排好桌凳 。

排碗筷 - BAIv UON`KUAI^ 飯前在桌上排好碗筷 。

屄 - BAIv：女子陰戶。讀音 BID^，又音 BIED`。

3

膣屄 - Z BAIv 。

阿昌屄 - A TSONG BAIv 鄙視人之稱呼。

挽(拔) - BANG：前拉、拖、力拔。讀音 UAN`。拔 BANG 讀音 PAD^。

挽(拔)緊 - BANG HENv 拉緊。

挽(拔)草 - BANG TSO` 拔草。

挽(拔)毛 - BANG MO 拔毛。

挽(拔)大索 — 拔河。

爆 BAU^：以火逼乾，用油炸的烹飪法，出芽。讀音 PAU^。

爆麻油 - BAU^ MAv YUv：肉以麻油逼乾。

爆鱿魚也 - BAU^ YUv NGv NGE`：火逼鱿魚。

爆芽 - BAO^ NGAv：出芽。

陪(並) — BEv：並肩，陪伴。讀音 PIv。並，讀音 BIN^。

陪陪行(並並行) - BEv BEv HANGv 並肩走。

陪陪坐(並並坐) - BEv BEv TSO 並肩坐。

陪(並)伴 - BEv BAN^ 相伴。

憑 — BEN^：依靠。讀音 PINv。

憑壁 - BEN^ BIAG` 靠著牆壁。

憑人 - BEN^ NGINv 靠著人。

憑椅 - BEN^ I` 有靠背的椅子。

憑山 - BEN^ SAN 靠山。

飛 — BI：在空中往來。讀音 FI。

飛上天 - BI SONG TIEN 飛上天去。

鵰也會飛 - DIAU UE` UOI^ BI 鳥會飛。

背 – BI^：背在背上或肩上。 讀音 BOI^。

背人 - BI^ NGINv 以背帶背人在背上。

背帶 - BI^ DAI^ 背嬰孩的長幅布條。

背桌凳 - BI^ ZOG`DEN^ 以肩背搬運桌子、凳子。

背穀包 - BI^ GUG`BAU 以肩背搬運稻穀包。

拚 – BIA^：勤快努力、趕、快，使力，比賽或打架之意。讀音 PIN 。

拚事 - BIA^ SE^：勤奮。

拚歇矣 - BIA^ HED`LEv 趕完了。

拚遽于咧 - BIA^ GIAG`GA^ LE 加快一些。

拚不上 - BIA^ Mv SONG 上不去 。

相拚 - CIONG BIA^ 比賽或打架。

擘 – BIAG`：豎起大拇指稱讚能幹。又音 BAG`，BOG`。

恁擘 - AN`BIAG` 這麼能幹 ！

蓋擘 - GOI^ BIAG` 很能幹 。

不擘 - Mv BIAG` 不能幹、差勁 。

爆 – BIAG^：火花爆開，裂開，炸開。讀音 PAU^。

火屎會爆人 - FO`S`UOI^ BIAG^ NGINv ：燒柴、炭時，火星四射，會傷人。

爆歇矣 - BIAG^ HED`LEv 炸掉、炸開、炸完了 。

爆開來矣 - BIAG^ KOI LOIv IEv 爆裂開了。

爆爆也 - BID^ BIAG^ GE`： 小鞭炮。

搏 – BIAG^：將膠狀物摔(甩)黏在他物上，摑以巴掌。讀音 BOG`。

搏泥 - BIAG^ NAIv 摔(甩)黏泥巴 。

搏于壁上 - BIAG^ GA^ BIAG`HONG^ 摔(甩)黏在牆壁上。

搏嘴角 - BIAG^ ZOI^ GOG` 巴掌打臉頰。

筆 － BIAG^：筆直。讀音 BID`。
筆直 - BIAG^ TSD^ 像筆一樣直 。
筆蹬(端) - BIAG^ DENv 直挺站立。

擯 - BIANG：摔、擲、拋、丟，棄而不用。讀音 BIN`。
擯開 - BIANG KOI 摔開 。
擯歇 - BIANG HED` 丟棄，丟掉 。
擯到人 - BIANG DO` NGINv 摔(甩)東西打到人。
擯壞矣 - BIANG FAI`IEv 摔壞了。
擯擯頓頓 - BIANG BIANG DUN^ DUN^ 摔東西泄氣。

拚 － BIANG^：拼命做事。讀音 PAN^。
打拚 - DA`BIANG^ 努力工作。
拚命 - BIANG^ MIANG^ 拼命做事。
拚事 - BIANG^ SE^ 趕工。
拚掃 - BIANG^ SO^ 打掃 。

避 － BIANG^：躲避，躲藏，隱藏。讀音 PID` 。
避穩 - BIANG^ UN` 躲藏好，躲好。
避開 - BIANG^ KOI 藏開。
避掩目 - BIANG^ EM MUG`：捉迷藏。
避起來 －BIANG^ HI`LOIv：躲起來。

隙 － BID`：裂痕，裂開，破裂，裂縫。
隙縫 - BID`PUNG^ 裂縫。
隙紋 - BID`UNv = FUNv 裂痕。

6

隙礚 - BID`SAG` 瓦片裂開兩半或裂成碎片。

隙析 - BID`SAG` 木柴裂成兩半或碎片。

隙隙 - BID`BID` 有裂痕、將裂開的樣子。

屄 －BIED`：女子陰戶。讀音 BID^ 。

膣屄 Z BIED`。

批 －BIED^：用手掌、竹片、木片等輕打。

批腳髀 - BIED^ GIOG`BI` 輕打大腿。

批出聲 - BIED^ TSUD`SANG 打出聲音。

批嘴角 - BIED^ ZOI^ GOG` 巴掌打臉頰。

反 － BIEN`：翻倒、翻面、翻尋。

1、下面的翻到上面。

反轉來 - BIAN`ZON`LOIv 翻過來。

反白 - BIEN`PAG^ 魚在水中死了，魚肚翻在上面 。

反肚底 - BIEN`DU`DAI` 肚子向上反白。

2、裏面的翻到外面。

反肚 BIEN`DU` 嘔吐。

反衫 - BIEN`SAM 上衣翻面。

反腸也 - BIEN`TSONGv NGE` 腸子內裡翻到外面 。

3、上面的翻到下面。

反車 - BIEN`TSA 翻車。

反船 - BIEN`SONv 翻船。

4、翻尋。

反出來 - BIEN`TSUD`LOIv 翻尋出來。

反狗虱- BIEN`GIEU`SEB` 在狗身上找虱子。

一哪也都反過矣 - ID`NA^ E`DU BIEN`GAU UEv 到處都找遍了。

竿 － BIN：竹竿。讀音 GON 。

釣竿 - DIAU^ BIN。

拼 (奮)－BIN`：掙扎。讀音 PIN。(奮)讀音 FUN` 。

恁會拼(奮) - AN` UOI^ BIN` 這麼會掙扎。

拼落矣(奮) - BIN` LOD` LEv 掙脫了。

拼拼(奮奮)綻 - BIN` BIN` TSAN^ 一直掙扎想脫逃。

板 － BIONG：木板。讀音 BAN`。

板也 - BIONG NGE` 木板。

板模 - BIONG MUv 木板模型。

眠床板 - MINv TSONGv BIONG 床板。

舫 ＝BIONG：並船共行稱為同舫，意即同班次。讀音 FONG`。

頭舫 - TEUv BIONG 第一班次。

上舫 - SONG^ BIONG 上一班次。

尾舫車 - MI BIONG TSA 最後一班車。

放 － BIONG^：放開，放置。讀音 FONG^。

1、解除束縛。

放手 - BIONG^ SU` 放開手。

放水 - BIONG^ SUI` 把水放出 ；放水進入。

放晝 - BIONG^ ZU^ 午前工作停止。

放夜 - BIONG^ IA^ 午後至傍晚的工作停止。

放工 - BIONG^ GUNG 停止一天的工作，下班。

放歇矣 - BIONG^ HED` LEv 放開、放掉了。

2、加入。

放鹽 - BIONG^ IAMv 加入鹽。

放糖 - BIONG^ TONGv 加入糖。

放醋 - BIONG^ TS^ 加入醋。

放田水 - BIONG^ TIENv SUI` 加水進田。

3、置。

放心不落 - BIONG^ CIM Mv LOG^ 放心不下。

放錢在銀行 - BIONG^ CHIENv TSOI NGYUNv HONGv 存款在銀行。

放于桌面上 - BIONG^ NGA^ ZUG`MIEN^ HONG^ 放在桌面上。

放黃鱔笱 - BIONG^ UONGv SAN HOv 放置捕捉鱔魚的竹簍在沼澤中捕捉鱔魚。

4、起火、生火。

放火燒山 - BIONG^ FO`SEU SAN 生火燒山。

遲人放火 - TSv NGINv BIONG^ FO` 殺人放火。

5、放牧。

放牛食草 - BIONG^ NGYUv SD^ TSO` 放任不管。

6、放紙鷂也 - BIONG^ Z`IEU^ UE` 放風箏。

缽 - BO：陶土燒成的盛具，僧徒盛飯的碗。又音 BAD`。

缽也 - BO UE`。

托缽 - TOG`BO 僧徒求布施。

缽缽也 - BO BAD`LE` 統稱陶瓷製盛具。

婆 － BOv：愛管閒事。讀音 POv。

雞婆 - GIE＝GIEv BOv 愛管閒事的人。

發 － BOD`：生病、生瘡、生蟲、發生，發生天災。讀音 FAD`。

發病 - BOD`PIANG^。

發痧 - BOD`SA 中暑。

9

發癲 - BOD`TAI` 患麻瘋病。

發蟲 - BOD`TSUNGv 生蟲。

發瘟 - BOD`UN 發生瘟疫。

發呕筋 - BOD`CIEN`GIN 抽筋。

發大水 - BOD`TAI^ SUI`：水災。

發風災 - BOD`FUNG TSAI 颱風。

發風落雨 - BOD`FUNG LOG^ I` 刮風下雨。

發夢 - BAD`MUNG^ 作夢。

發粄 - BOD`＝FAD`BAN` 加發酵蒸熟的米粄。

發脹 - BOD`ZONG^ 罵人、詛咒人身體會腫脹 。

發肉雄 - BOD`NGYUG`HYUNGv 精力過剩，無處發泄，發情。

富 - BOD`：有錢、富有。讀音 FU^。

恁富 - AN`BOD` 這麼有錢。

大富人家 TAI^ BOD`NGINv GA。

掰(搣) – BOI：用手拂開。

掰(搣)開 - BOI KOI 拂推開。

掰(搣)過去 - BOI GO^ HI^ 輕推過去。

掰(搣)塵灰 - BOI TSNv FOI 手拂灰塵。

掰(搣)淨來 - BOI CHIANG^ LOIv 拂掃乾淨。

掰(搣)到矣 - BOI DO`UEv 意外賺到了。

踣(跛) – BOI`：跌扭腳踝。讀音 BOv。跛：讀音 BAI。

踣(跛)到腳 - BOI`DO`GIOG`跌扭腳踝。

踣(跛)斷矣 - BOU`TON NEv 高跟鞋的鞋跟扭斷了。

謗 - BONGv：指責人的不是。讀音 BONG`。

開謗 - KOI BONGv 訓誡人。

碰 - BONGv：讀音 PUNG^。
碰到 - BONGv DO` 遇到，碰觸到。

傍 － BONG`- 依靠，佐菜 。讀音：PONGv。
依傍 - I BONG`。
傍菜 - BONG` TS OI^。
傍肉 - BONG` NGYUG` 以肉拌飯吃。
傍飯 - BONG` FAN^ 以菜佐飯。
傍酒 - BONG` JIU` 喝酒佐菜。
傍魚也 - BONG` NGv NGE` 以魚佐飯。

嗙 － BONG^：自誇，在旁插問。又音 PANG。
嗙大空 - BONG^ TAI^ KANG 吹牛。
哈哈嗙嗙 - HAv HAv BONG^ BONG^在旁插問。

抔 BUD`：以插箕裝谷物入袋或以畚斗裝垃圾。又音 PEUv，UD`。
抔地圾 - BUD` TI^ SEB` 以畚斗收垃圾。
抔穀入袋 - BUD` GUG` NGIB^ TOI^ 以插箕裝穀入袋。

浡 － BUD^：放屁，冒出，忽出言語。讀音 PUD^。
浡出聲 - BUD^ TSUD` SANG：放屁出聲。
浡屎 - BUD^ S` 冒出糞便。
浡水 - BUD^ SUI`。
浡泡 - BUD^ PO 冒出泡沫。
浡出一句話 - BUD^ TSUD` ID` GI^ FA^ 忽然冒出一句話。

腹 －BUG`：肚子，知己。讀音 FUG`。

腹內 - BUG`NUI^ 肚中。

空腹 - KUNG BUG` 胃中無食物。

切腹 - CHIED`BUG` 刀切肚子自殺。

破腹生產 - PO^ BUG`SEN SAN` 開刀切開肚皮取出嬰兒。

至腹 - Z^ BUG` 最親近的人。

心腹 - CIM BUG` 最親近的人。

心腹之患 - CIM BUG`Z FAM^ 自內而起的禍患。

分 - BUN：使離開，給、被，要來、討得。讀音 FUN。

分開 - BUN KOI。

分家 - BUN GA 分開財產。

分勻 - BUN YUNv 分配均勻。

分食 - BUN SD^ 分家後分開煮食，乞食。

分財產 - BUN TSOIv SAN`。

分我 - BUN NGAIv 給我。

送分伊 - SUNG^ BUN Iv：送給他。

分人招=贅 - BUN NGINv ZEU 入贅。

分人賴 - BUN NGINv LAI^ 被誣賴。

分人詬=笑矣 - BUN NGINv NAG`=SEU^ UEv 被取笑了。

分水打走 - BUN SUI`DA`ZEU` 被水沖走。

拿分人食 - NA BUN NGINv SD^ 拿給人吃 。

分雷公敲死 - BUN LUIv GUNG KAU^ CI` 被雷擊死。

分一些分我 - BUN ID`CID`BUN NGAIv 分一些給我。

討食也分食 - TO`SD^ LE`BUN SD^ 乞丐乞食。

分矣一個賽也 - BUN NEv ID`GE^ LAI^ IE` 領養了一個兒子。

絲 - CI，讀音 S。

藕絲 - NGIAUv CI 疏落、不茂盛、枯萎貌。

撕 - CI：用手撕裂成細條。

撕菌也 - CI KYUN NE` 手撕菇菌。

用手撕雞肉 - YUNG^ SU` CI GIE NGYUG`。

忕 - CI^：慣習，成了習慣。讀音 S^。

慣忕 - GUAN^ CI^ 成習慣了。

狃忕 - NEU` S^ = CI^ 習慣，又作忸忕 。

澀 - CIAB`。讀音 SEB`。

澀澀 - CIAB` CIAB` 水果未熟、有澀味，沒有甜酸味。

洩(泄) - CIAB^。漏出、滲水。讀音 CIED`。

漏洩(泄) - LEU^ CIAB^。

洩(泄)水 - CIAB^ SUI` 漏水。

洩(泄)尿 - CIAB^ NGIAU^ 忍不住流出尿來。

惜 - CIAG`：疼愛，疼惜。讀音 CID`。

惜人 - CIAG` NGINv 疼愛人。

孬惜 - NAU CIAG` 不得人疼惜或得人疼惜。讀音 CID`。

得人惜 - DED` NGINv CIAG` 得人疼惜。

惜入骨 - CIAG` NGIB^ GUD` 疼愛到骨子裏。

惜入心 - CIAG` NGIB^ CIM 疼惜到內心深處。

晢 - CIAG`：白嫩、明晰。讀音 CID`。

白晢晢 - PAG^ CIAG` CIAG` 皮膚白嫩。

削 ─ CIAG^：刀割、刀切。讀音 CIOG`。
削到手 - CIAG^ DO` SU`。

誘 - CIANGv：引誘。讀音 YU^。
誘人 - CIANGv NGINv 引誘人。
誘烏蠅 - CIANGv U INv 引來蒼蠅。
誘蟻蚣 - CIANGv NGIE^ GUNG 誘引螞蟻。

惺 ─ CIANG`。讀音 SEN。
惺悟 - CIANG` NGU^ 覺悟，醒悟。

腥 ─ CIANG` 。讀音 CIANG。
走腥 - ZEU` CIANG` 雌性動物發春期，釋放的體臭，又稱 ZEU` SANG 。

漦 ─ CIAUv：精液。讀音 LIv。
衰漦 - SOI CIAUv ： 倒霉。
不知漦 - Mv DI CIAOv ： 什麼都不懂。
漦漦濞濞 - CIAUv CIAUv PI^ PI^ 吹毛求疵。

癲 ─ CIAU^ ：精神失常。讀音 DIEN。
癲癲 - CIAU^ CIAU^ ： 癲癲 - DIEN DIEN 精神不正常。

呷 ─ CIB`：吸食，小酌。讀音 GAB^。
呷一杯酒 - CIB` ID` BI JIU` 喝一杯酒。

些 ─ CID` 一少許。讀音 CIA。
一些 - ID` CID` 。

冇半些 - MOv BAN^ CID` 半點都沒有 。

洩 – CIED^。讀音 CIED`。
洩水 - CIED^ SUI` 以水管射水。
洩尿 - CIED^ NGIAU^ 屙尿。

諧 – CIED^：講大話，吹牛。又音 HAIv。
諧虛 - CIED^ HI 說空話，吹牛。
諧猴 - CIED^ HEUv 善吹牛的男子。

先 – CIN。讀音 CIEN。
先生 - CIN SANG ： 對老師、醫師、丈夫或男士的尊稱。

犇 - CIOv。偷、扒。讀音 SU`。
犇錢 - CIOv CHIENv 偷錢、扒錢。
犇到一本書 CIOv DO` ID` BUN` SU 偷得一本書。

咻 – CIO^：指蛇的爬動聲。讀音 CIU^。
咻于過 - CIO^ UA^ GO^ 亦指快而無聲的新車跑動聲。
咻于恁遽 - CIO^ UA^ AN` GIAG` 跑得這麼快。

俗 – CIOG^：便宜、不貴。讀音 CYUG^。
俗貨 - CIOG^ FO^ 便宜東西。
恁俗 - AN` CIOG^ 如此便宜。
俗買俗賣 - CIOG^ MAI CIOG^ MAI^ 便宜買來便宜賣。

肱 – CIONG`：手、腳、甘蔗、竹子兩個節之間的一段 。讀音 GUNG。
手肱 - SU` CIONG`：手肘到手腕之間的一段。

腳肚 - GIOG` CIONG`：膝蓋到腳踝之間的一段。

恁長肚個手 AN` TSONGv CIONG` GE^ SU` 這麼長一段的手臂。

一肚蔗也 - ID` CIONG` ZA^ E` 一段甘蔗。

上肚冇甜 - SONG^ CIONG` MOv TIAMv 上段不甜。

匠 — CIONG^：專精一藝的人。讀音 JIONG^。

木匠 - MUG` CIONG^ 專精木工的人。

泥水木匠 - NAIv SUI` MUG` CIONG^ 建築泥水工人和木工。

蒐 - CIUv，CIU^：窺視，賊頭賊腦地尋找可偷的東西。讀音 SEU。

蒐上蒐下 - CIUv SONG CIUv HA。

蒐蒐蒐蒐 - CIUv CIUv CIU^ CIU^。

壽 - CIUv：壽命。讀音 SU^。

夭壽 - IAU CIUv 夭折，詛咒人短命。

抶 — CIU`：用竹條、籐條鞭打。讀音 ZD`。

抶分伊痛 - CIU` BUN Iv TUNG^ 打痛他。

熟 — CYUG`：果實熟透了。讀音 SUG^。

熟矣 - CYUG` GEv 成熟了。

熟矣，好食矣！- CYUG` GEv，HO` SD^ LEv 成熟了，可以吃了。

冇熟 - MOv CYUG` 果實沒有成熟。

嬉 - CYUNGv：女子不知羞恥、不害羞的樣子。讀音 HI。

恁嬉 - AN` CYUNGv。

戚 - CHIA：親族姻戚、親家、夫與婦的母親。讀音 CHID`。

16

戚母 - CHIA ME ： 親家母。

戚郎 - CHIA LONGv 結婚時稱女方的男儐 。

戚母婆 - CHIA ME POv 親家的媽媽、父親的戚母。

刺 – CHIAG`：以針刺字畫。讀音 TS^。

刺青 - CHIAG`CHIANG 在皮膚上刺畫青色字畫 。

刺繡 - CHIAG`CIU^ 。

織 – CHIAG`：編織。讀音 ZD`。

織襪 - CHIAG`MAD`。

織毛線 - CHIAG`PONG^ CIEN^。

織魚網 - CHIAG`NGv MIONG`。

戳 - CHIAMv：穿刺。讀音 TSAMv。

戳 人 - CHIAMv NGINv 以刀刺人。

戳豬也 - CHIAMv ZU UE` 以刀刺喉嚨殺豬。

戳蛤蟆頦 - CHIAMv HAv MAv GOI 刀刺喉嚨。

刀戳針刺 - DO CHIAMv ZM CHYUG`。

清 - CHIANG。讀音 CHIN。

清明 - CHIANG MIANGv 二十四節氣之一。

睛 -CHIANG：有眼無珠。讀音 JIN。

睛盲 - CHIANG MIANG 瞎眼，有眼無珠 。

鍫 - CHIAU：攪拌，翻尋、搜尋、翻箱倒櫃。讀音 CHIO。

鍫鹽 - CHIAU IAMv 鍫拌鹽。

鍫糖 - CHIAU TONGv 和糖。

鍬砂灰 - CHIAU SA FOI 攪拌水泥、砂、石灰，使之均勻。

鍬合來 - CHIAU GAB`LOIv 攪拌均勻。

鍬袋也 - CHIAU TOI^ IE` 翻查袋子。

鍬書包 - CHIAU SU BAU 搜查書包中的東西。

鍬拖箱也 - CHIAU TO CIONG NGE` 翻查抽屜。

集 – CHIU^。讀音 CIB^。

就集 - CHIU^ CHIB^： 不零亂、整齊、整理就序。

收就集矣！SU CHIU^ CHIB^ Bev 收拾好了。

躕 –CHID`： 徘徊不前或行走遲緩貌。讀音 ZD`。

躕躑 - CHID`TSOG`： 彳亍、跙躕：徘徊不前、行走遲緩貌。

磬 – CHIN`：1、用石或玉做的「く」字形敲擊樂器。

2、身體前傾，彎腰，像「く」字形的樂器「磬」，引申為低頭彎腰之意。

磬到 - CHIN`DO` 低著頭，彎著腰。

頭磬磬 - TEUv CHIN`CHIN` 低著頭。

磬下去 - CHIN`HA HI^ 彎下腰前傾。

3、磬裁 - CHIN`TSAIv 彎腰恭請裁定！現在變音為 CHIN^ TSAI，或 CHIN^
　　　　　TSAI^（河洛音）：「隨你意！隨便！」。

傾 – CHIN`：同 "磬"。上身前傾，彎腰站立。又音 KIN。

傾到 - CHIN`DO` 低著頭，彎著腰。

傾折 - CHIN`ZAD` 上身前彎，鞠躬。

頭傾傾 - TEUv CHIN`CHIN` 低著頭。

傾下去 - CHIN`H A HI^ 彎腰前傾。

傾裁 - CHIN`TSAIv： 彎腰恭請裁定！ 現在變音為 CHIN^ TSAI 或 CHIN^

TSAI^（河洛音）「隨你意！ 隨便！」。

沁 –CHIN^，又音 CIM^，SEM^。
打沁佞 - DA`CHIN^ NGIN^ 因寒冷或畏食或聽到奉承諂媚的話不寒
　　　　　而悚。

草 – CHIO`:「草 TSO`」的變音。讀音 TSO`。
草字 - CHIO`S^。
寫字恁草 - CIA`S^ AN`CHIO` 寫字這麼潦草。

躍 –CHIOG`:「躍 IOG`」的變音:跳起。讀音 IOG`，又音 IAU^, IEU^。
躍起來 - CHIOG`HI`LOIv。
躍上去 - CHIOG`SONG HI^。
躍過去 - CHIOG`GO^ HI^。

吮 - CHON:用口吸吮。讀音 SUN`。
吮嗽 - CHION ZOD^ 吸吮。
吮乳=奶 - CHION NEN^ 吸吮奶房。
吮手指 - CHION SU`Z`。

吮 = CHION`:鴨、鵝用扁嘴吃食或攻擊的動作。讀音 SUN`。
吮食 - CHION`SD^ 鴨鵝取食。
吮穀 - CHION`GUG`。
鵝也吮人 - NGv UE`CHION`NGINv^:鵝用扁嘴攻擊人。

旋 –CHION^:頭髮的旋渦中心。讀音 CIENv。
兩個旋 - LIONG`GE^ CHION^ 頭髮有兩個旋渦中心。

像 - CHIONG^：相似。讀音 CIONG^。

相像 - CIONG CHIONG^ 相似。

像伊 - CHIONG^ Iv 像他。

像樣 - CHIONG^ IONG^ 做什麼像什麼，中規中矩。

像種 - CHIONG^ ZUNG` 像父母，有父母的遺傳特徵在。

不像人 - Mv CHIONG^ NGINv 諷刺裝扮過分時髦的人，不像正常人。

像爺像哀 - CHIONG^ IAv CHIONG^ OI 像父像母。

刺 - CHYUG`：用尖銳的東西戳。讀音 TS^。

針刺刀戳 - ZM CHYUG` DO CHIAMv 。

分竻刺到 - BUN NED` CHYUG` DO` 被竹刺刺到。

喋 － DA^：誇口。讀音 TIAB^。

好喋 - HAU^ DA^ 喜歡吹牛。

喋喋滾 - DA^ DA^ GUN` 大聲吹牛。

貼 － DAB`：粘貼。讀音 DIAB`。

貼紙 - DAB` Z` = DIAB` Z`。

貼篸 - DAB` LIAU 密著，貼切。

貼碓 - DAB` DOI^ 磨石的上層與下層密著貼切。

冇貼碓 - MOv DAB` DOI^ 磨石的上層與下層沒有密著，不貼切。引申為不癢不痛，不夠刺激，不發生作用，不夠深入，不怎麼樣。

冇貼冇碓 - MOv DAB` MOv DOI^ 不癢不痛，不夠刺激，不發生作用，夠深入，不怎麼樣。

帖對聯 - DAB` = DIAB` DUI^ LIENv 。

目貼貼 - MUG` DAB` DAB` 眼睛合著，無力睜開。

貼秤頭 - DAB` TSN^ TEUv 貼補斤兩，追加少許使斤兩足夠的小塊肉。

兩頭不貼蓆 - LIONG` TEUv Mv DAB` CHIAG^ 駝背的人仰臥床上，頭和腳不

能同時貼著蓆子，喻兩邊不討好 ，兩頭落空。

滴 −DAB^：潮濕滴水 。又音 DID`，DIED`。

滴濕 - DAB^ SB` 很濕。

濕滴滴到 - SB`DAB^ DAB^ DO` 濕濕的。

滴足 - DAB^ JYUG` 苛刻。

值 −DAD^：是福佬話的「值得」之意。讀音 TSD^。

值得 - DAD^ DED`。

恁值 - AN`DAD^ 真好命！

不值 - Mv DAD^ 不值得！

值錢 - DAD^ CHIENv。

每(逐)−DAG`：福佬話「每，逐」之意。讀音 MI。逐：讀音 ZUG`。

每(逐)日 - DAG`NGID`。

每(逐)擺 - DAG`BAI` 每次。

每(逐)樣 - DAG`IONG^。

每(逐)儕 = DAG`SAv 每個人。

的 −DAG^，讀音 DID`。

的對 - DAG^ DUI^ 完全正確！對了！中了！

的準 −DAG^ ZUN` 真準！完全正確！

嘀 −DAG^：舌尖抽離硬口蓋時發出的「嗒」聲。又音 DI^，DID^。

嘀嘴 - DAG^ ZOI^ 稱奇、稱讚。

嘀鹹 - DAG^ HAMv 非常鹹。

抵 −DAI`：遮蔽、遮蓋、遮擋。讀音 DI`。

抵穩 - DAI`UN` 遮住、蓋住、擋住。

抵到 - DAI`DO` 遮蓋=擋到。

用布也抵 - YUNG^ BU^ UE`DAI` 用布遮蓋、遮蔽、遮擋。

抵涼 - DAI`LIONGv 遮涼。

邸 — DAI^：住在。讀音 DI`。

邸哪也？ - DAI^ NA^ E` 住哪裏？

探 - DAM ：伸出。讀音 TAM`。

探頭看 - DAM TEUv KON^。

探腳 - DAM GIOG` 伸出腳。

談 — DAMv：談論 ，[河洛音]。讀音 TAMv。

談哆 - DAMv DEv ： 閒談。

擔 — DAM^：竹製肩挑的扁擔。讀音 DAM。

擔竿 - DAM^ GON 扁擔。

扁擔 - BIEN`DAM^ ： 竹扁做成的肩挑擔竿。

盯 - DANGv：注視。讀音 DANG。

眼盯盯 - NGIAN`DANGv DANGv 眼睜睜地。

踔 - DAUv：高傲、目中無人、不可理喻。又音 TSOG`, ZOG`。

做人盡踔 - ZO^ NGINv CHIN^ DAUv 為人十分高傲、目中無人。

呆(獃) - DEv：讀音 DAI。

呆呆(獃獃) - DEv DEv 傻傻地、木頭似地。

哆 - DEv：〔河洛話〕閑談。又音 DO。

談哆 - DAMv DEv ： 閑談。

大 － DE`：大的土話。讀音 TAI^。

恁大 - AN`DE` 這麼大。

碇 － DEB^：笨重，讀音 TIN^。

碇碇 - DEB^ DEB^ ： 笨重，走路笨重的腳步。

碇水 - DEB^ SUI`： 踐踏水。

沾 - DEM，不聲不響地，暗暗地。讀音 ZAM。

沾沾焉 - DEM DEM ME 暗地裡、悄悄地。

沾水 - DEM SUI`： a、人蹲入水中，臀部觸水。

　　　　　　　　b、盤、盆放在水面，目的在冷卻或防蟻。

沉 - DEMv：沉重的感覺。讀音 TSMv , TSM^。

重沉沉 - TSUNG DEMv DEMv 很沉重的感覺。

沉 － DEM^：笨重貌。讀音 TSMv , TSM^。

腳沉沉 - GIOG`DEM^ DEM^ 腳笨重貌。

等 - DEN，讀音 DEN`。

我等 - NGAIv DEN 我們。

你等 － Nv=NGIv DEN 你們。

伊等 － Iv DEN 他們，她們。

佢等 - GIv DEN 他們，她們。

端 - DENv：同「𣎴」：筆直豎立。讀音 DON。

端端 - DENv DENv 豎立。

筆端 - BIAG^ DENv 筆直站立。

打端 - DA` DENv 嬰孩學習站立。

放端來 - BIONG^ DENv LOIv 放他站立起來。

端 - DEU：以兩手捧物，抱孩子促其大小便。讀音 DON。

端菜 - DEU TSOI^ 雙手端菜。

端腳 - DEU GIOG` 抓人把柄、舉人的腳。

端箕也 - DEU GI IE` 雙手端的盛土箕。

端鍋也 - DEU UOG^ GE` 端鍋子。

端凳也 - DEU DEN^ NE` 搬凳子。

端起來 - DEU HI` LOIv 端起來。

端屎尿 - DEU S` NGIAU^ 抱孩子促其大小便。

斗 - DEU：餵豬用、盛放食物的槽。讀音 DEU`。

豬斗(兜) - ZU DEU 豬的食槽。

搶斗(兜) - CHIONG` DEU：群豬爭食貌，喻人多同食，胃口特別好。

湊 － DEU^：讀音 TSEU^。又讀 SEU^。

1、湊滿數、加入、湊熱鬧。

湊股 - DEU^ GU` 合股。

湊搭 - DEU^ DAB` 配搭得當。

湊陣 - DEU^ TSN^ 湊成一夥。

湊滿=足 - DEU^ MAN = JYUG` 湊足。

湊鬧熱 - DEU^ NAU^ NGIAD^。

2、與人有姦情。

湊到人 - DEU^ DO` NGINv。

湊客哥也 - DEU^ KIE^ GO UE` 與約情夫。

24

3、裝配，組合。

湊桌腳 - DEU^ ZOG` GIOG` 將桌腳裝上。

湊不落 - DEU^ Mv LOG^ 裝不上去。

知 - DI：心裏明白，知道！讀音 Z。

我知! - NGAIv DI：回答：我知道！

不知 - Mv DI 不知道。

知得 - DI DED` 知道。

知嗎 - DI MAv 知道嗎？

知矣 - DI IEv 已經知道了！

知知個 - DI DI GE^ 明明知道的。

知人我 - DI NGINv NGO 能辨知人際關係。

裏 - DI：內裏。讀音 LI。

裏背 - DI BOI^ 裏面。

裏肚 - DI DU` 裡面。

佇 - DI^：[福佬音]：在。又音 DU^。

佇哪也 - DI^ NA^ E` 在哪裡？

佇屋家 - DI^ UG` GA 在家裏。

佇路上 - DI^ LU^ HONG^ 在路上。

爹 - DIA：父親。

阿爹阿娘 - A DIA A NGIA 父親母親。

疊 - DIAB^：手抓粘物摔在某物上或摔成某物的樣子。讀音 TIAB^。

疊肉丸 - DIAB^ NGYUG` IANv 摔疊成肉丸子。

疊于壁上 - DIAB^ BA^ BIAG` HONG^ 甩貼在牆壁上。

25

彈 – DIAG^：以指彈打。讀音 TANv，又音 DIANGv。

1、指彈：彎曲食指或中指，固定於拇指，然後彈出，以撞擊他物。

彈烏蠅 - DIAG^ U INv　彈殺蒼蠅。

彈珠也 - DIAG^ ZU UE`　指彈玻璃珠子。

彈耳空 - DIAG^ NGI` GUNG　指彈耳殼。

2、極硬。

彈硬 - DIAG^=DIANGv NGANG^　非常硬，極硬。

停 - DIAM：停止、不繼續、不動。讀音 TINv。

車也停矣 - TSA E` DIAM MEv　車子停了。

落雨冇停 - LOG^ I` MOv DIAM　下雨不停。

恬 - DIAM：安靜、不吵人。讀音 TIAMv。

車也盡恬 - TSA E` CHIN^ DIAM　車子的引擎很安靜。

恬恬坐 - DIAM DIAM TSO　安靜坐。

恬恬！- DIAM DIAM！：叫人"不要出聲！"。

點 – DIAM^：點狀播種。讀音 DIAM`。

點菜種 - DIAM^ TSOI^ ZUNG`　點播蔬菜種。

點花仁 - DIAM^ FA INv　播種花種。

點菜仁也 - DIAM^ TSOI^ INv NE`　播種菜種。

點蘿蔔仁 - DIAM^ LOv PED^ INv　點播蘿蔔種子。

彈 - DIANGv，讀音 TANv。

1、土話說「彈琴」、「彈棉花」。

彈日彈夜 - DIANGv NGID` DIANGv IA^　日夜不停地彈琴。

2、極硬。

彈硬 - DIANGv NGANG^ 很硬，極硬。

硬彈彈 - NGANG^ DIANGv DIANGv 硬繃繃的，極硬的。

螫 - DIAU：蜂類、蚊蟲針刺人畜。讀音 ZA。

蚊也螫人 - MUN NE` DIAU NGINv 蚊子釘人。

分蜂也螫到 - BUN FUNG NGE` DIAU DO` 被蜂螫釘。

著(住) - DIAUv：（河洛音）中了，固定了。讀音 TSOG^，TSU^， ZU^。

著(住)矣 - DIAUv UEv 考中了、選上了、貼緊了。

耐不著(住) - DU^ Mv DIAUv 耐不住。

黏不著(住) - NGIAMv Mv DIAUv 貼不住。

調 － DIAU^：調動。讀音 TIAUv。

調開 - DIAU^ KOI。

調職 - DIAU^ ZD`。

調兵 - DIAU^ BIN 征兵。

嘀 － DID^：狀聲字。又音 DAG^，DI^。

嘀嘀嗒嗒 - DID^ DID^ DAB^ DAB^ a. 滴水聲，b. 零零星星，c. 嚼食出聲。

目攝=眨嘀咄 - MUG` NGIAB` DID^ DOG^ 不停眨眼的人。

滴 － DIED`：滴水。讀音 DID`。

1、水點往下落。

滴水 - DIED` SUI`。

2、水點聲，滴水貌。

滴滴滴滴 - DID` DID` DIED` DIED`。

掉 － DIED` 掉落。又音 TIAU^。

掉歇矣 - DIED`HED`DEv 丟掉了。

掉下來 - DIED`HA LOIv 從上面掉下來。

掉下去矣 - DIED`HA HI^ IEv 掉下去了。

得－DIED`:「得 DED`」的變音。讀音 DED`。

得罪人 - DIED`TSUI^ NGINv。

得失人 - DIED`SD`NGINv。

展 － DIEN`:〔河洛音〕表現、賣弄。讀音 ZAN`。

展風神 - DIEN`FUNG SNv 賣弄神氣。

展功夫 - DIEN`GUNG FU 展現功夫。

纏 - DIN:環繞、轉圈。讀音 TSANv。

纏纏圓 - DIN DIN IANv 繞圓圈。

纏暈矣 - DIN FUNv NEv 轉暈了！。

纏一轉 - DIN ID`ZON` 繞一圈。

地球纏日頭 - TI^ KYUv DIN NGID`TEUv 地球繞太陽。

釘 － DIN^:用針線、釘子固定。讀音 DANG。

釘扣也 - DIN^ KIEU^ UE` 縫鈕扣。

扣也釘緊 - KIEU^ UE`DIN^ HENv 鈕扣縫緊。

用釘也暫釘 - YUNG^ DANG NGE`CHIAM^ DIN^ 用釘子暫時固定。

佔 － DIN^:佔位置。讀音 ZAM^。

凳也佔位 - DEN^ NE`DIN^ WI^ 凳子佔位子。

佔手佔腳 - DIN^ SU`DIN^ GIOG` 累贅。

佔中也 - DIN^ DUNG NGE` 喉嚨深處正中凸出的小舌。

28

哆 — DIU，讀音 DO。

哆苦 - DIU FU` 非常苦味。

丼 - DMv：石頭落井，觸動井水聲。又音 JIANG`，DAM`。

拖 - DOv：拖時間。讀音 TO。

拖時間 - DOv Sv GIAN。

到 — DO`：接在動詞後，表示「得、受、著」的助詞。讀音 DO^。

看到 - KON^ DO`。

買到 - MAI DO`。

食到 - SD^ DO`。

得到 - DED` DO`。

受到 - SU^ DO`。

拿到 - NA DO`。

捉到 - ZOG` DO`。

想到 - CIONG` DO`。

熱到 - NGIAD^ DO` 中暑。

寒到 - HONv DO` 感冒。凍到 - DUNG^ DO`。

企到 - KI DO` 站著。

眠到 - MINv DO` 躺著。

踞到 - GU DO` 蹲著。

冇賺到錢 - MOv TSON^ DO`CHIENv 沒賺到錢。

感覺到困難 - GAM`GOG` DO`KUN^ NANv。

倒 — DO^：到反。又音 DO`。

倒退 - DO^ TUI^ 向後退。

倒傾 - DO^ JIANG^ 瓶罐嘴向下，倒栽。

倒頭 - DO^ TEUv 頭腳倒放。

倒吊 - DO^ DIAU^ 綁腳在上，頭向下吊。

倒反 - DO^ FAN` = DO^ BIEN` 翻出在裏面的。

倒貼 - DO^ TIAB^ 賠本。

打倒摻 - DA` DO^ MAG^ 後仰倒下。

倒轉去 - DO^ ZON`HI^ 倒回去。

倒歸來 - DO^ GUI LOIv 回來。

倒去倒轉 - DO^ HI^ DO^ ZON` 來回又來回、重復著。

倒汗 - DO^ HON^ 冒汗。蒸好的食品或物品，冷卻時，水蒸汽凝結成的水。

倒草 - DO^ TSO` 牛羊反芻。

倒頦 - DO^ GOI 倒液體時未從口出，卻從他處流出。

蔸 － DOD`：大量採購。讀音 DUN`。

蔸貨 - DOD`FO^ 大量採購。

托 － DOD`：抱孩子、抱動物或抱東西在腹前。讀音 TOG`。

托細人也 - DOD`SE^ NGINv NE` 手抱小孩子。

托上托下 - DOD`SONG DOD`HA 抱著到處走。

督 － DOG`：〔河洛音〕察看、看守、管束。

督穩伊 - DOG`UN`Iv 看守著他。

拙 － DOG`：愚笨。讀音 ZOD`。

笨拙 - BUN^ DOG`。

愕拙 - NGOG`DOG`：傻瓜。

拙著 - DOG`ZU^ 謙稱自己的著作。

咄 － DOG^。又音 DOD`，DOIv，DOI^。

呃咄 - ED`DOG^ : 打咯聲。

堆 - DOI：讀音 DUI。

1、聚積。

堆積 - DOI JID`。

堆疊 - DOI TIAB^。

堆穀包 DOI GUG`BAU。

堆稈棚 - DOI GON`PANGv 堆壟稻草。

2、累積在一起的東西。

草堆 - TSO`DOI。

砂堆 - SA DOI。

泥堆 - NAIv DOI。

穀堆 - GUG`DOI。

堆肥 - DOI PIv。

牛屎堆 NGYUv S`DOI 牛糞。

3、似堆積物的數詞。

一堆屎 - ID`DOI S` 一堆大便。

咄 - DOIv：怒斥、大聲吼叫。讀音 DOD`。

咄人 - DOIv NGINv 大聲吼人。

咄咄調＝跳 -DOIv DOIv TIAU^ 大聲吼叫。

蓬 - DOI`： 整批、大量。讀音 DUN`。

蓬下 - DOI`HA^ 全部。

蓬蓬買下 - DOI`DOI`MAI HA^ 整批買下來。

咄 －DOI^：打岔。講話插入人的思考或談話中，攪亂別人。讀音 DOD`。

嘀咄 - DI^ DOI^ 打岔。

莫嘀嘀咄咄 - MOG^ DI^ DI^ DOI^ DOI^ 別打岔擾亂！

莫咄我 - MOG^ DOI^ NGAIv 別吵我！

斷 － DON`。讀音 DON^。

1、截止：

斷水 - DON`SUI` 截斷水流。

斷血 - DON`HIAD` 止血。

2、戒絕 ：

斷奶 - DON`NEN^ 戒絕嬰兒吸母奶。

3、切斷 ：

斷臍 - DON`CHIv 剪斷臍帶。

斷心 - DON`CIM 截斷植物的嫩芽。

擋 - DONGv：〔河洛話〕耽延。讀音 DONG`。

擋凸 - DONGv DUD^ ： 耽誤、耽延。

重 － DONG^：〔河洛音）的變音。讀音 TSUNG^。

傷重 - SONG DONG^。

堵 － DUv。讀音 DU`。

堵塞。

堵鼻鬚 - DUv PI^ CI 鼻下唇上的髭。

門堵穩矣，入不得 - MUNv DUv UN`NEv，NGIB^ Mv DED` 門擋住了，進不去。

2、相遇。

堵到 - DUv DO` 遇到。

相堵頭 - CIONG DUv TEUv 相遇。

32

抵 –DU`：正好、剛好，恰巧。讀音 DI`。

抵好 - DU`HO` 正巧。

抵抵好 - DU`DU`HO` 剛剛好、正好。

食飯時，抵好停電 - SD^ FAN^ Sv , DU`HO`TINv TIEN^ 吃飯時正遇停電。

佇 – DU^。又音 DI^。

1、久立：

佇候 - DU^ HEU^。

2、盼望：

佇望 - DU^ MONG^。

3、在。

佇哪也 - DU^ NA^ E` 在哪裡？

佇屋家 - DU^ UG`GA 在家裡。

兜 –DU^：迎風、直接吹風。讀音 DEU。

兜風 - DU^ FUNG。

耐 –DU^：[河洛話] 耐的變音。讀音 NAI^。

耐不住 - DU^ Mv DIAUv。

觸 –DUD`：觸摸、踫著。讀音 TSUG`。

莫觸到我 - MOG^ DUD`DO`NGAIv 別踫到我。

撩撩觸觸 - LIAUv LIAUv DUD`DUD` 動手動腳觸摸人，毛手毛腳、輕佻。

觸我知 -DUD`NGAIv DI 暗中通知我。

碓 –DUD^：沉重感。讀音 DOI^。

碓碓滾 - DUD^ DUD^ GUN` 抱孩子又胖又重的感覺。

凸 – DUG` ：讀音 GU`，TUD`。

鍋凸 - UOG^ DUG` ： 黑圓鍋底中央凸出的尖底。

追 - DUI：[河洛音]追逐 GYUG`。讀音 ZUI。

1、自後趕上 ：

追趕 - DUI GON`。

2、補回 ：

追捕 - DUI BU`。

追回 = DUI FIv。

追加 - DUI GA。

追念 - DUI NGIAM^。

追蹤 - DUI ZUNG 跟隨足跡。

追求 - DUI KYUv。

追究 - DUI GYU^ 查究過去的錯失。

追思 - DUI S 追念。

追悼 - DUI TO^ 對死者的追思哀悼）。

搐 – DUI`：抽、掣、手執繩索急拉。讀音 TSAD`。

搐一下 - DUI`ID`HA^ 急扯一次。

目珠緊搐 - MUG`ZU GIN`DUI` 眼皮一直在抽動。

電會搐人 - TIEN^ UOI^ DUI`NGINv 身體觸電時，電力會抽掣人。

緊搐緊掣 - GIN`DUI`GIN`TSAD` 又抽又掣，如手腳被燙傷時的疼痛感覺。

也形容心疼，如物價超過預算、心疼付錢的感覺。

啄 – DUI`：鳥類以嘴啄食或攻擊。讀音 DUG`。

啄人 - DUI` NGINv。

頓 – DUN^。讀音 DUN`。

1、用木棍把軟的東西擠塞在洞裏或容器裏。

頓緊 - DUN^ HENv 擠緊。

2、鑿孔。

頓井 - DUN^ JIANG` 鑿井。

頓壁 - DUN^ BIAG` 鑿開牆壁。

頓窟也 - DUN^ FUD` LE` 在地面鑿洞。

3、將一捆不齊物品，觸在平面物體上使之平整。

頓平 - DUN^ PIANGv。

頓齊 - DUN^ TSEv。

4、頓掘 - DUN^ KUD^： 小孩子以哭或無言的抗議來引起大人的注意或
達到向大人要求的目的。

5、吃的土語、罵人的氣話。

淨頓不動 - CHIANG^ DUN^ Mv TUNG 罵人只吃，不做事。

頓飽矣 - DUN^ BAU` UEv 罵人「吃飽了」。

頂 - DUNG：頂在頭上。讀音 DANG`

頂包袱 - DUNG BAU FUG^ 包袱放在頭上頂著。

頂于頭顱頂上 - DUNG NGA^ DEUv NAv DANG` HONG^ 頂在頭上。

頂細人也 – DUNG SE^ NGINv NE`將小孩頂在頭上。

頂頭觸腦 - DUNG TEUv DUD` NO` 房頂或車頂低，觸及頭部。

中 – DUNG ，中 ZUNG 的變音。讀音 ZUNG。

中央 - DUNG ONG。

蒂中 - DI^ DUNG 果實的蒂頭，一定位於果實中央部位，平均承受整個
　　　果實的重量：中間、中央。

胴 - DUNGv：肥壯。讀音 TUNG^。

又高又胴 - YU^ GO YU^ DUNGv 高而肥壯。

食于恁胴 - SD^ LA^ AN` DUNGv 吃得這麼肥壯。

胴酸 - DUNGv SON 極酸。

焉 - E。讀音 IAN。

1、用在形容詞或副詞之後，表示不大、不遠、不重、不快等的助詞。

近近焉 - KYUN KYUN NE 很近。

輕輕焉放 - KIANG KIANG NGE BIONG^ 輕輕地放。

省省焉用 - SANG` SANG` NGE YUNG^ 節省地用。

定定焉行 - TIN^ TIN^ NE HANGv 慢慢地走。

2、一點點、一些。

放一些焉鹽 - BIONG^ ID` CID` DE IAMv 放一點點鹽。

放兜焉鹽 - BIONG^ DEU UE IAMv 放些許鹽。

食加兜焉 - SD^ GA DEU UE 多吃些！

3、怎焉 - NGIONG` NGE 怎麼？

恁焉 - AN` NE 這樣，如此，而已！

慘焉 - TSAM` ME 慘了！

會成焉 - UOI^ SANGv NGE 快成了！

一靚焉！- ID` JIANG NGE 多美呀！

矣 - Ev：接在動詞、形容詞或副詞詞尾的助詞，表示過去了、完成了、改變了或就要改變了等意思。讀音 I。

嫁矣 - GA^ Ev 嫁了！

去矣 - HI^ IEv 去了！走了！

好矣 - HO` UEv 好了！可以了！

36

成矣 - SANGv NGEv 成了！凝結了！

冇矣 - MOv UEv 沒有了！

醒矣 - CIANG`NGEv 醒了！

燥矣 － ZAU UEv 乾了。

食飽矣 - SD^ BAU`UEv 吃飽了！

食歇矣 - SD^ HED`DEv 吃完了、吃掉了！

也 - E`：接在物質名詞詞尾的語助詞，表示非龐大之物。

　　　　接在動詞之後，為動名詞 。讀音 IA。

車也 - TSA E` 車子。

盒也 - HAB^ BE` 盒子。

塞也 - SED`DE` 瓶塞。

桌也 - ZOG`GE` 桌子。

杯也 - BI IE` 杯子。

矮凳也 - AI`DEN^ NE` 矮凳子。

梳也 － S　E` 梳子。

鋸也 - GI^ IE` 鋸子。

鑿也 - TSOG^ GE` 鑿子。

鑽也 - ZON^ NE` 鑽子。

篩也 － CHI　IE` 篩子。

漆刷也 - CHID`SOD`DE` 油漆刷子。

得 - E`：接在動詞、形容詞或副詞之間的介詞，表示可以、能、做得

　　　　到。讀音 DED`。

食得飽 - SD^ DE`BAU` 吃得飽。

聽得到 - TANG NGE`DO`。

尋得到 - CHIMv ME`DO` 找得到。

行得兼 - HANGv NGE`GIAM 靠得近。

37

企得起來矣 - KI IE` HI` LOIv IEv 能站起來了！

賺得到來食 - TSON^ NE` DO` LOIv SD^ 賺得到錢來糊口。

喂 - E`：無名無姓的叫人，提醒發呆中的人注意，是一般的提醒語。
　　　　又音 OI`, UE, UE`, WI^。

喂！好醒矣！– E`！HO` CIANG` NGEv！喂！該醒了！

喂！有聽到冇？E` YU TANG DO` MOv？ 喂！聽到沒有？

呃 (噎、餒、哦、嗝) – ED`：

打呃(噎) - DA` ED`： 喝汽水或吃飽後氣逆上衝發出的聲音。

呃咄(噎) - ED` DOG^ ： 打咯。

擲 – ED^：投擲 。讀音 JIED^的變音。

擲石頭 - ED^ SAG^ TEUv = JIED^ SAG ^ TEUv。

擲球也 - ED^ KYUv UE` 投擲球。

掩 - EM。又音 AM , AM`, IAM`。

1、遮擋。

遮掩 - ZA EM = IAM` 遮擋。

掩面 - EM MIEN^ = AM MIEN^ 以手、布、紙等蒙面。

掩被 - EM PI 蒙蓋棉被。

掩頭顱 - EM TEUv NAv 遮蓋頭頂。

掩耳空 - EM NGI` GUNG 搗掩耳朵。

掩目珠 - EM MUG` ZU 以手遮眼睛。

2、雙手掬取。

掩水 - EM SUI` 合掌捧水。

掩砂 - EM SA 捧砂土。

3、哄孩子入睡。

掩細人也睡 - EM SE^ NGINv NE` SOI^ 哄孩子睡。

4、避掩目 - BIANG^ EM MUG` ： 捉迷藏。

應 — EN^：應 IN^的變音。讀音 IN^。

應一聲 - EN^ ID` SANG ：答應一聲。

怎冇應我? - NGIONG` MOv EN^ NGAIv ? 怎沒答應我?

活 — FAG`：讀音 FAD^。

活生 - FAG` SANG ： 活生生的。

會活 - UOI^ FAG` 會動。

活起來 - FAG` HI` LOIv 勃起來、翹起來、活過來。

犯 - FAM：讀音 FAM^。

犯人 - FAM NGINv 妨礙人，阻擋著人，礙手礙腳。

犯到鬼 - FAM DO` GUI` 被鬼魂附著。

喎 — FE`：歪斜不正。又音 KUA , HIO`。

鍋也喎喎 - UOG^ GE` FE` FE` 鍋子已不完好，歪斜不正。

喎一片 - FE` ID` PIEN` 歪一邊。

腳喎喎 - GIOG` FE` FE` 跛腳。

甩 — FID`：丟棄、拋棄。讀音 SOI`。

甩歇 - FID` HED` 甩掉。

甩不歇 - FID` Mv HED` 甩不掉。

甩不遠 — FID` Mv IAN` 丟不遠。

甩出去 - FID` TSUD` HI^。

甩 －FID^：搖擺，甩開。讀音 SOI`。

甩尾 - FID^ MI 搖尾巴。

甩燥 - FID^ ZAU 把毛筆、掃帚的水甩乾。

拂 －FID^：同「甩 FID^」。搖 動，甩 離。讀音 FUD^。

拂淨 - FID^ CHIANG^ 甩乾淨。

拂燥來 - FID^ ZAU LOIv 甩乾，使乾。

拂尾 - FID^ MI 搖尾巴。

甩 －FIN^：甩掉。讀音 SOI`。

手甩畀燥 - SU` FIN^ BI` ZAU 把濕手甩乾。

甩手 - FIN^ SU` 手痛、麻痺，以甩手減輕痛楚。

甩頭 - FIN^ TEUv 猛搖頭。

甩筆 - FIN^ BID` 把筆甩乾或把筆中墨水甩出。

花 - FOI：〔河洛話〕不講理、無理取鬧、用口理論。讀音 FA。

花透夜 - FOI TEU^ IA^ 無理取鬧一整夜。

同伊花 - TUNGv Iv FOI 與他理論！

花不直 - FOI Mv TSD^ 理論不完、有理說不清。

盡花個人 - CHIN^ FOI GE^ NGINv 很不講理的人。

脯 - FU：乾熟的肉鬆、魚鬆。又音 FU`，PUv，PU`。

肉脯 - NGYUG` FU 肉鬆。

魚脯 - NGv FU 魚鬆。

肉脯 －NGYUG` FU 肉鬆、肉酥。

戶 - FUv：門檻 ： 讀音 FU^。

戶檻 - FUv KIAM 門檻。

40

苦 －FU`：味苦。讀音 KU`。又音 KU。

苦味 - FU`MI^。

苦苦 - FU`FU` 滋味苦苦的。

苦瓜也 - FU`GUA E` 苦瓜。

又苦又辣 - YU^ FU`YU^ LAD^。

腐 －FU^：讀音 FU`。

豆腐 - TEU^ FU^。

豆腐乳 - TEU^ FU^ I`。

付 －FUD`：「付 FU^ 的變音」。讀音 FU^。

付錢 - FUD`CHIENv。

付歇矣 - FUD`HED`LEv 付完了。

核 －FUD^：果實中的仁（INv）、種子。讀音 HED`。

牛眼核 - NGYUv NGIAN`FUD^ 龍眼核。

番檨(蒜)核 － FAN SON^ FUD^ 檬果核。

卵核 － LON`FUD^ 雄性睪丸。

拂 － FUD^：又音 FID^，PAD^。

拂塵 - FUD^ TSNv 除去塵灰。

拂袖 - FUD^ CHIU^ 摔動袖子表示不悅或憤怒。

拂曉 - FUD^ HIAU` 黎明時。

相拂 - CIONG FUD^ 互毆、打架。

拂一餐 - FUD^ ID`TSON 大吃一頓。

暈 - FUNv：又音 HINv , YUN。

41

暈車 - FUNv TSA 因車行而眩暈嘔吐。

暈船 - FUNv SONv 因船行而眩暈嘔吐。

頭顱暈暈 - TEUv NAv FUNv FUNv 頭暈暈的。

暈暈 - FUNv FUNv 眩暈，呆呆的。

膠 - GAv：（河洛音膠 GA 的變音）。讀音 GAU。

釀膠膠 - NEUv GAv GAv 液體膠濁、事態複雜。「NEUv 是 NUNGv（釀）的變音」。

嘎 – GAv 。

嘰嘰嘎嘎 - GI GI GAv GAv 吵雜談笑聲。

假 - GA^：

入年假 - NGIB^ NGIANv GA^ 進入新年假期，從農曆 12 月 25 日起。

合 – GAB`：另音 GAG`，HAB^。

合本 - GAB`BUN` 合股=甲本（GAB`BUN`）。

合到人=甲到人- GAB`DO`NGINv 與人通姦。

縫合 - LIONv GAB` 以針線結合。

合線縫 - GAB`CIEN^ PUNG^ 以針線結合之處或以針線縫合。

夾 – GAB`：裝訂。又音 GIAB`，GIAB^。

夾書 - GAB`SU 裝訂書本。

夾簿也 - GAB`PU UE` 裝訂簿本。

格 – GAD`，格 GAG` 的變音。

怎格殺 – NGIONG`GAD`SAD`：如何是好？以武器打死之意。古時農夫個農作物遭遇猛獸破壞或遇見毒蛇猛獸來襲，沒有遠距離可打死猛獸、毒蛇

42

個武器，無可奈何時，就會發聲：怎格殺 — NGIONG` GAD` SAD`，或不得
格殺 — Mv DED` GAD` SAD`。後來遇見不知如何解決時，就會發出此語。

合 — GAG`：合 GAB` 的變音。又音 GAB`, HAB^。

合意 - GAG` I^ = HAB^ I^ 符合心意，中意。

合貨 - GAG` FO^ 配合貨品出售。

隔 — GAG^：攔斷、分開。讀音 GAG`。

將兩隻豬母隔開來 - JIONG LIONG` ZAG` ZU MAv GAG^ KOI LOIv。

含 - GAMv：(河洛音) 含在口中。讀音 HAMv , HEMv。

含水 - GAMv SUI` 口中含著水。

含糖也 - GAMv TONGv NGE` 口含糖果。

金含也 - GIM GAMv ME` 小圓糖：整個放在口中含著，慢慢溶化
　　　　　的糖果。

間 — GAM^：隔開、間隔一個。讀音 GIAN。

間日 - GAM^ NGID` 間隔一日。

間格 - GAM^ GAG` 間隔一格。

間行 - GAM^ HONGv 間隔一行。

間枕 - GAM^ GUANG 間隔一行或梯子的間隔一個橫木。

尷 - GANG：讀音 GAM。

尷尬 - GANG GIE^　a、事情不易處理、左右為難，b、困窘、難堪。
　　　　　　　　　c、素行不端。

過 - GAU：遍滿。讀音 GO^。

尋過矣 - CHIMv GAU UEv 找遍了。

行過矣 - HANGv GAU UEv 走遍了。

交 – GAU^：交換。讀音 GAU。

一領衫交一雙鞋 - ID`LIANG SAM GAU^ ID`SUNG HAIv。

偷米交蕃薯，會算不會除 - TEU MI`GAU^ FAN SUv，UOI^ SON^ Mv UOI^ TSUv。

該 – GE^：遠指或遙指那、那邊、那個。讀音 GOI。

該片 - GE^ PIEN` 那邊。

該個 - GE^ GE^ 那個。

該隻 - GE^ ZAG` 那隻 。

該頭 - GE^ TEUv 那一頭 ，那一端。

該日 - GE^ NGID` 那天。

該兜 - GE^ DEU 那些。

該裏 - GE^ LE` 那裏。

其(乃) - GIA：他的。讀音 KIv。NAI。

其=乃爸 - GIA BA 他的爸爸。

其=乃哥 - GIA GO 他的哥哥。

遽 – GIAG`：讀音 KI。

1、速度快。

盡遽 - CHIN^ GIAG` 很快速。

恁遽 - AN`GIAG` 這麼快！

行不遽 - HANGv Mv GIAG` 走不快。

騎車也較遽 - KIv TSA E`GO^ GIAG` 騎車比較快。

2、趕緊。

遽遽 - GIAG`GIAG` 催人「快快」！

行遽于唎 - HANGv GIAG`GA^ LE 走快一些！

解 GIAI^：押送。又音 GIAI`, HAI`, KIE`。
解送 - GIAI^ SUNG^。
解押=押解 - GIAI^ AB` = AB`GIAI^。
解去衙門 - GIAI^ HI^ NGAv MUNv 押送警察局。
解元 - GIAI^ NGIANv 科舉時代鄉試第一名。

鹼 – GIAM^`：水味不鮮。讀音 GIAM`。
鹼鹼 - GIAM^ GIAM^ 水味不鮮，略有鹼味。

涓 - GIANGv，GIANG^：口水垂滴。讀音 GIAN。
涓口涎 - GIANGv HEU`LAN 流口水。
涓涓涓涓 - GIANGv GIANGv GIANG^ GIANG^ 口水垂滴貌。

攪 - GIAU：攪和、攪拌。讀音 GAU`。
攪粉 - GIAU FUN` 攪拌粉末。
攪糖 - GIAU TONGv 加入糖攪拌。
攪砂灰 - GIAU SA FOI 攪拌砂和石灰。
魚湯攪飯 - NGv TONG GIAU FAN^ 魚湯拌飯。

嘵 – GIAUv，GIAU^：爭吵聲。讀音 HIEU。
嘵嘵嘵嘵 - GIAUv GIAUv GIAU^ GIAU^ 爭吵不停。
嘵一暗晡 - GIAUv ID`AM^ BU 爭吵一個晚上。

禁 – GIB^：禁 GIM^的變音： 禁止。讀音 GIM^。
禁伊不好出去 - GIB^ Iv Mv HO`TSUD`HI^ 禁止他不可出去。

45

擠 – GID^：壓擠，擁擠。又音 JI`，JIAM，JID`，JIO。
擠緊 - GID^ HENv 擠緊。
擠穩矣 - GID^ UN`NEv 擠住了。
擠出水來 - GID^ TSUD`SUI`LOIv 。

洁 – GID^：很、非常。讀音 GIAD`。
洁淨 - GID^ CHIANG^ 非常乾淨。

咭 - GIv，GID^：吱雜聲。又音 GIv，GI^。
咭咭咭咭 - GIv GIv GID^ GID^ 木製品，如椅子、桌子、床等搖動時，發出的吱

雜聲。

繫 - GIE：綁、縈。又音 GI^，HI，HI^。
繫皮帶 - GIE PIv DAI^。
繫褲 - GIE FU^ 繫褲帶。

醢 - GIEv：鹹醬。讀音 HOI`。
魚醢 - NGv GIEv 魚醬。
滷醢 - LU GIEv 滷成醬。亦引申為久放不洗的衣服。

激 – GIEB^：波浪洶湧。讀音 GID`。
水激出來 - SUI`GIEB^ TSUD`LOIv 水桶水滿時搖蕩溢出。
海浪激于恁高 - HOI`LONG^ GIEB^ BA^ AN`GO 激起這麼高的浪。

凌 – GIEN^：讀音 LINv。
1、冷凍、接近使之更冷。
凌冰 - GIEN^ BEN 使冰冷。

46

凌涼 - GIEN^ LIONGv 使冰涼。

2、以冷物觸靠。

死雞腳，莫凌我 - CI`GIE GIOG`，MOG^ GIEN^ NGAIv 你那冰冷的腳，別靠到我。

金 – GIM^：黃金。讀音 GIM。

金指 - GIM^ Z` 金戒指 GIM GIAI^ Z`。

錦 – GIM^：讀音 GIM`。

錦青 - GIM^ CHIANG 顏色非常的青。

今 - GIN：今 GIM 的變音。同「今 GIM」。讀音 GIM。

到今 - DO^ GIN = GIM。

今晡日 – GIN = GIM BU NGID` 今天。

今暗晡 - GIN = GIM AM^ BU 今夜。

整 – GIN`：整個。讀音 ZN`。

整頭樹也 - GIN`TEUv SU^ UE` 整棵樹。

整棟屋也 - GIN`DUNG^ UG`GE` 整棟的屋子。

整本書讀歇矣 - GIN`BUN`SU TUG^ HED^ LEv 整本書讀完了。

整個人絞入去矣 - GIN`GE^ NGINv GAU`NGIB^ HI^ IEv 整個人捲進去了。

拳 – GIN`：讀音 KIANv。

剪拳 - JIANG`GIN` [從日語ジャンケンポン(剪丶拳丶布=包) - JIANG`GIN`BU^ (BAU)而來的簡略語，就是剪刀、拳=石頭、布＝"猜拳"]。

踡 - GIO：讀音 GIAN`。

1、彎曲。

踡踡曲曲 - GIO GIO GYU` GYU` 彎彎曲曲。

2、軟塌下去。

踡歇矣 - GIO HED` LEv 軟塌下去了。

踡下去矣 - GIO HA HI^ IEv 軟倒下去了。

3、卷曲。

狗踡眠 - GIEU` GIO MINv 像狗一般卷曲著睡。

踡穩來睡 - GIO UN` LOIv SOI^ 卷曲著睡。

踡于一角落 - GIO UA^ ID` GAU^ LAU^ 卷曲一堆。

耗 - GO：耗損、磨損、減損。讀音 HO , HO^。

牛老車耗 - NGYUv LO` TSA GO 牛老了，牛車也耗損了。

鞋踵行耗矣 - HAIv ZANG HANGv GO UEv 鞋跟磨損掉了。

嚙耗油火 - NGAD^ GO YUv FO` 耗損點燈的油，喻耗損精力時間。

一枝香耗歇矣 - ID` GI HIONG GO HED` LEv 一枝香燭燒完了。

刀也磨耗矣 - DO UE` NOv GO UEv 刀子的鋼質部分磨損掉了。

猳 - GO：又音 GA。

1、雄性獸類。

豬猳 - ZU GO 公豬、種豬。

羊猳 - IONGv GO 公羊、種羊。

2、猳獏 - GO MO 罵人的話。罵人「不是人」，而是獸類。

膏 - GOv：〔河洛音〕塗抹。讀音 GAU。

膏抹 - GOv MAD`。

膏粳 - GOv GANG 糊漿糊。

膏藥也 GOv IOG^ GE` 塗藥。

膏壁 - GOv BIAG` 以黏性物質塗抹牆壁。

較 — GO^：比較。讀音 GAU`。

較高 - GO^ GO 比較高。

較近 - GO^ KYUN。

較大 - GO^ TAI^。

我食較多 - NGAIv SD^ GO^ DO 我吃得比較多。

伊比我較重 - Iv BI` NGAIv GO^ TSUNG 他比我重。

刈 — GOD`：割草。

刈草 — GOD` TSO` 割草。

刈禾 — GOD` UOv 割稻。

覺 — GOD`：「覺 GOG`」的變音。讀音 GOG`。

覺到 - GOD` = GOG` DO` 以為。

我覺到伊有來 - NGAIv GOD` DO` Iv MOv LOIv 我以為他沒有來。

隔 — GOG`：用東西隔開或阻擋。讀音 GAG`。

用板也隔開 - YUNG BIONG NGE` GOG` KOI 用木板隔開。

舂 = GOG^：敲、拳打、踫撞。又音 GUAG^。

相舂 - CIONG GOG^ 互撞，相碰。

舂一下 - GOG^ ID` HA^ 敲一下。

舂到壁 - GOG^ DO` BIAB` 碰撞到牆壁。

鋤 — GOI`：用鋤頭動土或切割。又音 TSv，TSUv。

鋤田 - GOI` TIENv 以鋤頭翻田土。

用钁頭鋤泥 - YUNG^ GIOG` TEUv GOI` NAIv 以鋤頭挖翻泥土。

管 — GONGv：讀音 GON`。

竹管也 - ZUG` GONGv NGE` 竹筒。

筒管也 - TONGv GONGv NGE` 罐頭空罐子。

晃 - GONGv：搖擺。讀音 FONG`。

搖晃 - IEUv FONG`=GONGv：上固定下擺動稱為晃；下固定上擺動稱為搖。

晃籃 - GONGv LAMv 上固定下擺動的搖籃。

晃槓也 - GONGv GONG^ NGE` 鞦韆。

晃晃槓槓 - GONGv GONGv GONG^ GONG^ 搖晃不定。

晃晃激激 - GONGv GONGv GIEB^ GIEB^ 水壺、水桶裝水不滿時，水的搖動聲。

哏哏晃晃 - GIN GIN GONGv GONGv 裝水不滿時，水的搖動聲。

蹲 - GU：雙足彎曲，足掌著地，身體下蹲。讀音 GI^。

踞到 - GU DO` 蹲著。

踞下去 - GU HA HI^ 蹲下去。

凸 - GU` ：突出、針刺。讀音 TUD`。

凸膿 - GU`NUNGv 皮下突出膿包。

肚筒凸凸 - DU`S`GU`GU` 肚子前挺鼓漲。

凸不入 - GU`Mv NGIB^ 刺不進去。

凸到手 - GU`DO`SU` 被尖物刺到手。

瘀 — GU`：積聚鼓脹。讀音 U。

瘀血 - GU`HIAD`。

瘀膿 - GU`NUNGv。

舂 — GUAG^。讀音 GOG^。

1、用握拳的指背，敲打硬物。

耂頭顱殼` - GUAG^ TEUv NAv HOG` 敲腦袋殼子。

2、敲擊硬物或咬食脆硬食物發出的聲

耂耂滾 - GUAG^ GUAG^ GUN` 敲硬殼的聲音，嚼咬花生米或咬脆餅的聲音。

蛙 – GUAI`。讀音 UA。

蛙也 - GUAI` IE` 小青蛙。

蛤蟆綠蛙 - HAv MAv LAG^ GUAI` 蛤蟆、青蛙。

獪 – GUAI^：奸詐刁滑。又音 KUAI^。

狡獪=怪 - GAU` GUAI^ 奸詐刁滑、不誠實、反叛、頑皮。

聾 - GUANGv：重聽，失聽力。讀音 LUNG。

耳聾聾 - NGI` GUANGv GUANGv 耳聾很重。

梗 – GUANG`。讀音 GANG`。

樹梗 = SU^ GUANG` 草木的莖枝。

呱 - GUEv：說、講的不雅語。讀音 GUA。

呱冇停 - GUEv MOv TINv 說話不停。

呱麼個 - GUEv MAG` GE^ 嘀咕什麼？

摑 – GUED^：用手打人。

摑衰伊 - GUED^ SOI Iv 打衰他。

扭來摑 - NEU` LOIv GUED^ 抓來打。

分人摑矣 - BUN NGINv GUED^ DEv 被人打了，挨打了。

汩 – GUG^：消滅水路阻塞。把塞住不通的水用力擠通。

51

泪奜通 - GUG^ BI` TUNG 把它擠通。

泪不通 - GUG^ Mv TUNG 擠不通。

注意："泪" GUD`, GUG^, IAD^ (水字旁個一個日)與"泪" MI^(水字旁一個日)

字不同。

轟 - GUNGv, GUNG^ 低沉聲音、轟隆聲音。讀音 FUNG。

轟轟轟轟 - GUNGv GUNGv GUNG^ GUNG^。

凸 - GUNG^：突出，鑽地洞。讀音 TUD`。

1、突出。

凸膿 - GUNG^ NUNGv 生膿瘡而鼓脹。

凸甲 - GUNG^ GAB` 指甲、趾甲內膿脹。

2、 凸窿 - GUNG^ LUNGv 地鼠、蟋蟀等在泥土中鑽地洞。

縮 - GYU：〔河洛音〕：縮短、縮小、捲縮。讀音 SUG`。

縮水 - GYU SUI` 浸水後縮短縮小了。

縮于一團 - GYU UA^ ID` TONv 縮成一團。

曲 - GYU`：彎曲。讀音 KYUD`。

踦踦曲曲 - GIO GIO GYU` GYU` 彎彎曲曲。

逐 - GYUG`：追趕、驅逐。讀音 DAG`。

逐不到 - GYUG` Mv DO` 追不到。

逐走矣 - GYUG`ZEU` UEv 趕走了。

逐出去 - GYUG`TSUD`HI^ 驅逐出去。

在後背逐 - TSOI HEU^ BOI^ GYUG` 在後面追。

52

龜(皸) - GYUN。龜：又音 GUI。

龜(皸)-裂 - GYUN LIED^ 手足外皮受冷而裂開，田地久旱缺水而裂開。

穹 – GYUNG^：婦人擴張生門分娩、生孩子。(穴 =生門 ， 弓=擴張)，
是上帝從穹蒼賜下嬰兒。又音 GYUNG。

穹人 - GYUNG^ NGINv 生孩子。

穹賚=賴也 - GYUNG^ LAI^ IE`生男孩。

穹妹也 - GYUNG^ MOI^ IE` 生女孩。

娩 – GYUNG^：同「穹」。婦人分娩、生孩子。讀音 MIEN。

娩人 - GYUNG^ NGINv 生孩子。

娩賚=賴也 - GYUNG^ LAI^ IE` 生男孩。

娩妹也 - GYUNG^ MOI^ IE` 生女孩。

下 - HA：1、「上 SONG」的相反。讀音 HA^。

上下 - SONG HA　a、上上下下。b、來來去去。c、出出入入。

上車下車 - SONG TSA HA TSA。

上庄下庄 - SONG^ ZONG HA ZONG。

2、低處。

下背 - HA BOI^ 下面、底下。

下頭 - HA TEUv 下端。

山下 - SAN HA 山腳下。

桌下 - ZOG`HA 桌子下面。

底下 - DAI`HA 下面，底下。

下身 - HA SN 下半身、私處。

下頦 - HA GOI 下頜。

下膈 - HA GAG` 肚子裡底層。

3、從高而低。

53

下山 - HA SAN。

下樓 - HA LEUv 從樓上到樓下。

下凡 - HA FAMv 來到人間。

下來 - HA LOIv 叫人下來！

下去 - HA HI^ 叫人下去！

4、接次的。

上晝下晝 - SONG^ ZU^ HA ZU^ 上午下午。

下隻月 - HA ZAG`NGIAD^ 下個月。

下年度 - HA NGIANv TU^ 明年度。

下 − HA`：同「卸 HA`」。讀音 HA^。

下貨 - HA`FO^ 卸貨。

下帽也 - HA`MO^ UE` 脫帽子。

下下來 − HA`HA LOIv 拿下來，放下來，解下來。

哮 − HAB`：嗆到，氣喘病。又音 HAU , HAU^。

哮到 - HAB`DO` 被刺激性氣體嗆到。

會哮人 - UOI^ HAB`NGINv 氣體會嗆人。

發哮 - BOD`HAB` 喘息症、氣喘病。

殼 − HAB`：「外殼」、殼 HOG` 的變音。讀音 HOG`。

竹殼 - ZUG`HAB` 包竹筍的外殼。

菜殼 - TSOI^ HAB` 菜葉一片。

剝殼 - BOG`HAB` 將菜葉、甘蔗葉、竹筍殼，從主幹一片一片剝下。

核 − HAD^：〔河洛音「牽核 KAN HAD^ 淋巴腺腫」〕。讀音 HED`。

牽核 - KIAN HAD^ 有了淋巴腺腫核。

54

客 - HAG`。讀音 KIED`。

1、來賓。

人客 - NGINv HAG`。

賓客 - BIN HAG`。

2、出門在外的。

旅客 - LI` HAG`。

客居 - HAG` GI。

客棧 - HAG` ZAN^ 旅館。

客死他鄉 - HAG` CI` TA HIONG 死在外地。

3、統稱使用客家話交談的民族。

客話 - HAG` FA^客語。

客籍 - HAG` CID^ 客家籍的,外地來寄居的。

客人 - HAG` NGINv 客籍人士。

客家 - HAG` GA 客籍人士。

客歲 - HAG` SUI^ 去年。

核 －HAG^:雄性睪丸。讀音 HED`。

核卵 - HAG^ LON` 睪丸、精囊。

核也 - HAG^ GE` 睪丸。

攞大核 - KUAN^ TAI^ HAG^ 提著大的睪丸 ,疝氣。

核卵仁 - HAG^ LON`INv 睪丸。

脬 - HAM:腿水,脹大。又音 HANG , HAU。

面脬脬 - MIEN^ HAM HAM 臉部腿水。

欠 - HAM`:打呵欠。讀音 KIAM^。

打呵欠 - DA` A^ HAM` 尚未睡醒,或極為疲倦而開口的樣子。

還 - HANv：仍舊。讀音 FANv。

還好 - HANv HO`。

還有 - HANv YU。

還生 - HANv SANG 還活著。

還會行 - HANv UOI^ HANGv 還會走。

還未來 - HANv MANGv LOIv 還沒來。

還愛食 - HANv OI^ SD^ 還要吃。

還不曾買 - HANv Mv TSENv MAI。

罕 － HAN`：希罕。讀音 HON`。

罕得 - HAN` DED`。

希罕 - HI HAN`。

烘 - HANG：烘焙。讀音 FUNG。

1、用火氣取暖或用燻、烤、焙使物品乾燥或使食物熟透。

烘燥 - HANG ZAU 燻乾。

烘焙麵包 - HANG POI^ MIEN^ BAU。

烘衫褲 - HANG SAM FU^ 燻乾衣服。

烘魚烘肉 - HANG NGv HANG NGYUG` 烤魚烤肉。

2、體溫稍高。

肉烘烘 - NGYUG` HANG HANG 體溫略高。

吼 - HAU：又音 HEUv, HO^, KIEU^。

吼喝 - HAU HOD` 大聲喝罵。

脬 - HAU：面部浮腫。又音 HAM, HANG。

面脬脬 - MIEN^ HAU HAU=HAM HAM。

誹 – HE：當面以言語侮辱、揭發醜行。讀音 FI`。

當面誹伊 - DONG MIEN^ HE Iv 當面言語侮辱。

分人誹矣 - BUN NGINv HE Ev 被言語侮辱了。

浩 – HE：像倒水般下大雨。讀音 HAU。

浩洪斗雨 - HE FUNGv DEU`I` 大雨滂沱。

下 – HE`：[河洛音] 下落 - HEv LO^ ： 讀音 HA^。

冇下冇落 - MOv HE`MOv LOG^ 交待去做的事，沒有下文、對事漠不關心。

翕 – HEB`：覆蓋、使不透氣。讀音 HIB`。

翕死 - HEB`CI`。

蓋被翕死 - GOI^ PI HEB`CI` 覆蓋被子窒息而死。

翕分伊出汗 - HEB`BUN Iv TSUD`HON^ 蓋住使他流汗。

嚇 – HEB^：讀音 HAG`。

嚇嚇滾 - HEB^ HEB^ GUN` 被嚇心跳氣急。

歇 – HED^：住宿。又音 HED`, HIAD`。

1、住宿。

歇茅寮 - HED^ MAUv LIAUv 住茅屋。

歇大樓 - HED^ TAI^ LEUv 住在大樓中。

在哪也歇 - TSOI NA^ E`HED^ 在哪裏住？

2、穩住、止住。

血擋歇矣 - HIAD`DONG`HED^ LEv 血止住了。

紙貼歇矣 - Z`DIAB`HED^ LEv 紙貼緊了。

喊 - HEM：「喊 HAM^」的變音。稱呼、打招呼。讀音 HAM^。

呼喊 - FU HEM。

大聲喊 - TAI^ SANG HEM 大聲叫。

冇喊我 - MOv HEM NGAIv 沒叫我！

喊阿姨 - HEM A Iv 叫阿姨，稱呼阿姨！

喊醒伊 - HEM CIANG`Iv 叫醒他！

唅(含)(銜) - HEMv 口含。讀音 HAMv。

唅(含)(銜)水 - HEMv SUI`。

唅(含)(銜)泥 - HEMv NAIv。

唅(含)(銜)草 - HEMv TSO`。

唅(含)(銜)煙筒 - HEMv IAN TUNGv 叼煙斗。

悻 – HEM^：「悻 HEN^」的變音。讀音 HEN^。

悻悻 - HEM^ HEM^ 發怒的樣子。

悻悻滾 - HEM^ HEM^ GUN` 盛怒大聲罵人。

辛 - HEN：薄荷油、萬金油、風涼油等的辛辣氣味與感覺。讀音 CIN。

辛辣 – HEN LAD^ 。

緊 - HENv：緊、穩。讀音 GIN`。

扳緊 - BAN HENv 抓緊。

纏緊 - TSANv HENv 纏緊。

紮緊 - TAG` HENv 紮緊。

坐緊 - TSO HENv 坐穩。

冇緊 - MOv HENv 不緊。

撳緊 - KIM^ HENv 壓緊。

絢(妥)緊 - TOv HENv 拴緊。

綁緊 - BONG` HENv 綁緊。

58

錢盡緊 - CHIENv CHIN^ HENv 錢根很緊。

肯 – HEN`：讀音 KIEN`。

1、願意。

肯去 - HEN` HI^。

肯放 - HEN` BIONG^ 願意放開。

不肯 - Mv HEN`。

2、許可。

首肯 - SU` HEN`。

後 - HEU：將要來的。讀音 HEU^。

後日 - HEU NGID` 明天的明天。

後年 - HEU NGIANv 明年的明年。

口 – HEU`：讀音 KIEU`。

1、口中的。

一口飯 - ID` HEU` FAN^。

一大口 - ID` TAI^ HEU`。

口涎 - HEU` LAN 唾液。

口嚨哽 - HEU` LIENv GANG^ 喉嚨。

2、近入口處。

口頭 HEU` TEUv 前頭，近入口處。

唇口 - SUNv HEU` 門口。

3、數算圓形物體單位

一口井 - ID` HEU` JIANG`。

一口鍋頭 - ID` HEU` UOG^ TEUv。

4、咬食。

咬一口 - NGAU ID` HEU`。

59

食一大口 - SD^ ID` TAI^ HEU` 吃一大口。

去 －HI^：來的相反。讀音 KI^。

1、前往。

前去 - CHIENv HI^ 向前去。

來去 - LOIv HI^ a、走吧！我們去！ b、來往。

來來去去 - LOIv LOIv HI^ HI^ 來來往往。

2、離開。

去留 - HI^＝KI^ LIUv 離開或留下。

去職 - HI^ = KI^ ZD` 離職。

去世 - HI^ = KI^ S^ 離開世間、死亡。

3、發出。

去信 - HI^ = KI^ CIN^。

去電 - HI^ = KI^ TIEN^ 發出電報、撥出電話。

4、所到之處。

去向 - HI^ = KI^ HIONG^。

去處 - HI^ = KI^ TSU^。

5、去勢 - HI^ = KI^ S^ 閹割生殖器。

灑 －HIA^：以手散水。讀音 SA`。

灑水 - HIA^ = SA` SUI` 以手指散水。

脅 －HIAB`：人體肩下胸旁的腋下。讀音 HIAB^。

脅下 - HIAB` HA。

蓄 －HIAB`：儲蓄。讀音 HYUG`。

1、儲蓄。

蓄錢 - HIAB` CHIENv 存錢、儲蓄。

蓄私頦 - HIAB`S GOI 存私房錢。

2、深藏。

蓄毒 - HIAB`TUG^ 蓄藏毒意。

蓄仇恨 - HIAB`SUv HEN^ 蓄存仇恨。

蓄 — HIAB^：計較。讀音 HYUG`。

子嫂會蓄 - Z`SO`UOI^ HIAB^ 妯娌會計較。

蓄伊不去做 - HIAB^ Iv Mv HI^ ZO^ 計較他不去工作。

歇 — HIAD`：住宿，住夜，過夜。讀音 HED`。

歇夜 - HIAD`IA^ 宿夜。

歇宿 - HIAD`GYUG` 住宿。

在哪也歇 - TSOI NA^ E`HIAD` 在哪兒住夜？

歇睏 - HIAD`KUN^ 休息、住宿睡覺。

卻 — HIAG`：耳朵豎起。讀音 KIOG`。

耳卻卻 - NGI`HIAG`HIAG` 耳朵豎起如兔耳。

劇 — HIAG`：動物激情。又音 GID`，KIAG`。

起劇 - HI`HIAG` 開始激情。

牛作劇 - NGYUv ZOG`HIAG` 牛激情。

亨 - HIAN：通達、順利。讀音 HEN。

亨通 - HIAN TUNG。

亨途 - HIAN TUv 平坦的前途。

旋 - HIANv：同「旋 CIENv」。突如其來。讀音 CIENv。

旋旋風 - HIANv HIANv FUNG 突如其來。

見 —HIAN^：發覺，顯露：通「現」。讀音 GIAN^。

發見 -FAD`HIAN^ 發現。

羶 —HIAN^：讀音 SAN。

1、羊臊味。2、異味

臭羶 -TSU^ HIAN^。

攝 —HIB`：攝入。讀音 NGIAB`。

攝相 （ HIB` CIONG^ 照相 ） 。

狡 - HIEU：詭詐、投機取巧。讀音 GAU`。

狡人 - HIEU NGINv 以詭詐方法騙人。

狡騙譧掣 - HIEU PIEN^ LIEN^ TSOD` 狡 HIEU ：詭詐、不誠實，

　　　　　騙 PIEN^：欺騙，譧 LIEN^：捏造、誣賴，掣 TSOD`：玩弄、

　　　　　戲耍、趁人不備探取：以不正當手法獲利。

翹 —HIEU^：平直的木板變成彎曲、向上突起。又音 KIAU , NGIA^ , NGIEU^。

翹卻 - HIEU^ HIOG` 平直木板翹曲不平。

翹峨翹棟 - HIEU^ NGOv HIEU^ DUNG^ 屋宇高大，屋棟翹起。

板也翹起來矣 - BIONG NGE` HIEU^ HI` LOIv IEv 木板翹起來了。

該頭翹起來矣 - GE^ TEUv HIEU^ HI` LOIv IEv 那頭翹起來了。

分人褒于尾翹翹 - BUN NGINv BO UA^ MI HIEU^ HIEU^ 聽到褒獎聲， 尾巴

都翹起來了。

興 —HIM^。讀音 HIN。

1、歡喜。

高興 - GO HIM^。

2、情趣。

興趣 - HIM^ CHI^。

酒興正濃 - JIU` HIM^ ZN^ NUNGv。

3、熱中。

恁興 - AN` HIM^ 這麼熱中。

興烙烙到 - HIM^ LOD^ LOD^ DO` 太熱烙 於....

暈 - HINv：頭暈。又音 FUNv , YUN。

暈車 - HINv TSA 因車行而眩暈嘔吐。

暈船 - HINv SONv 因船行而眩暈嘔吐。

頭顱暈暈 - TEUv NAv HINv HINv 頭暈暈的。

反 – HIN`。讀音 FAN`。

反骨 - HIN` GUD` 喻女人不守婦道。

歪斜。讀音 CHIAv。

肩胛斜(喎、歪)一片 - GIEN GAB` HIO` ID` PIEN` 肩膀歪一邊。

聣 – HIO^：掌摑，耳邊風。讀音 KUIv。

1、以掌打臉。

聣一巴掌 - HIO^ ID` BA ZONG`摑一巴掌。

2、耳聣聣到 - NGI` HIO^ HIO^ DO` 耳邊風、不聽話、不當一回事。

卻 – HIOG`：木板不平，掌摑。讀音 KIOG`。

1、本來平順的物體變形了。

板也卻卻 - BIONG NGE` HIOG` HIOG` 木板翹起、變形、不平 。

2、掌摑。

卻一巴掌 - HIOG`ID`BA ZONG` 摑一巴掌。

涸 — HOD^：喘急而口乾。又音 HAU，HOG`。

走于恁涸 - ZEU`UA^ AN`HOD^ 跑得這麼喘、這麼乾渴。

涸涸不好食水 - HOD^ HOD^ Mv HO`SD^ SUI` 氣急乾渴時不可喝水。

熇 — HOG`：放在燒熱的鐵器上焙烤。又音 HO^。

熇蝦蚣 - HOG`HAv GUNG 烤蝦。

熇魚乾 - HOG`NGv GON 烤魚乾。

福 — HOG^：是河洛話的「福 HOG`」。讀音 FUG`。

福佬人 - HOG^ LO`NGINv 客家人稱福建人。

福佬話 - HOG^ LO`FA^ 河洛話，閩南話。

福佬母 - HOG^ LO`MAv 客家人稱"妍婦"。與「客哥」相對。

頦 - HOIv：面頰兩顋(腮)的下部。又音 GOI。

頦鰓 - HOIv SOI。

放 - HON：大量放水。讀音 FONG^。

放水 - HON SUI` 把水池的水放掉或放入。

糠 — HONG`：食物像米糠一樣乾澀，難下嚥。又音 HONG，KONG。

糠糠個糕也 - HONG`HONG`GE^ GAU UE` 乾澀而難下嚥的米糕。

轟 — HONG^：轟隆作響。蚊蠅振翼飛翔之聲。讀音 FUNG。

轟轟滾 - HONG^ HONG^ GUN`。

上 — HONG^：讀音 SONG^。

64

1、上面。

桌上 - ZOG` HONG^。

手上 - SU` HONG^。

床上 - TSONGv HONG^。

凳也上 - DEN^ NE` HONG^ 凳子上。

2、上頭、頂上。

樹尾上 - SU^ MI HONG^ 樹梢。

天頂上 - TIEN DANG` HONG^ 天上。

頭顱頂上 - TEUv NAv DANG` HONG^ 頭頂上。

3、裏面。

在書包上 - TSOI SU BAU HONG^ 在書包中。

放于袋也上 - BIONG^ NGA^ TOI^ IE` HONG^ 放在袋子裏。

放于拖箱也上 - BIONG^ NGA^ TO CIONG NGE` HONG^ 放在抽屜裏。

乃 - IA：他、她的。讀音 NAI。

乃哥 - IA GO 他的哥哥。

乃手 - IA SU` 他的手。

伊乃書 - Iv IA SU 他的書。

伊乃親戚 - Iv IA CHIN CHID` 他的親戚。

這 - IA`：此。近指，與遠指的「該 GE^」相對。讀音 ZE`。

這個該個 - IA` GE^ GE^ GE^ 這個那個。

這裏該裏 - IA` LE GE^ LE 這裡那裡。

這片該片 - IA` PIEN` GE^ PIEN` 這邊那邊。

這頭該頭 - IA` TEUv GE^ TEUv 這端那端、這一頭那一頭。

這兜該兜 - IA` DEU GE^ DEU 這些那些。

這擺 - IA` BAI` 這次。

這滿 - IA` MAN 這次。

抑 －IA^：或者，抑或。讀音 ID`。

係抑不係 - HE^ IA^ Mv HE^ 是或不是？

好抑不好 - HO` IA^ Mv HO` 好或不好？

去抑不去 － HI^ IA^ Mv HI^ 去或不去？

愛食抑不食 - OI^ SD^ IA^ Mv SD^ 要吃還是不吃？

你若狗也，黃毛個抑係烏毛個啊 - Nv NGIA GIEU` UE` UONGv MO　　GE^ IA^

　　　　　　　　HE^ U MO GE^ IAv 你的狗是黃毛的還是黑毛的呢？

你愛升學抑愛食頭路 - Nv OI^ SN HOG^ IA^ OI^ SD^ TEUv LU^ 你要升學或要工作

　　　　　　上班？

凹 －IAB`：球、輪胎泄氣。讀音 AU。又音 UA , UO。

凹歇矣 - IAB` HED` LEv 洩氣了。

凹凹 - IAB` IAB` 氣不足、軟扁扁地。

瘖 (喑)－IAB`：聲音啞。讀音 IM。

瘖(喑)聲=聲瘖(喑) - IAB` SANG = SANG IAB`。

揭 －IAD`：讀音 GIAD^。

1、披露：

揭露 - IAD` LU^。

揭壞話 - IAD` FAI` FA^。

揭空頭 - IAD` KANG TEUv 揭瘡疤，揭開人的醜事。

揭空也 - IAD` KANG NGE` 同上。

揭壞空 - IAD` FAI` KANG 同上。

2、舉起：

66

揭竿 - IAD`GON 舉起竹竿。

3、掘開。

揭石頭 - IAD`SAG^ TEUv 掘挖石頭。

揭番薯 - IAD`FAN SUv 挖地瓜。

揭芋也 - IAD`U^ UE` 挖芋頭。

挖 – IAD` ：掘起：

挖井 - IAD`JIANG`。

挖泥 - IAD`NAIv。

挖窟也 - IAD`FUD`LE` 挖洞窟。

挖石頭 - IAD`SAG^ TEUv。

挖鼻屎 - IAD`PI^ S` 挖鼻孔中的髒物。

挖番薯 - IAD`FAN SUv 挖地瓜。

曳(拽)– IAD^：牽引、搖動、搖撼。又音 I^, IAG^。

搖曳(拽) - IEUv IAD^ 飄揚 ，搖晃不定。

曳(拽)不動 - IAD^ Mv TUNG 搖不動。

搖搖曳曳(拽拽) - IEUv IEUv IAD^ IAD^ 移動不停。

搖(曳) – IAG^：搖動、搖手、搖旗子。讀音 IEUv。又音 IAI，IAUv。

搖旗也 - IAG^ KIv IEv 搖旗子。

搖手 - IAG^ SU` 招手、搖手。

搖伊來 - IAG^ Iv LOIv 搖手示意 ，叫他來。

搖 - IAI：搖動固定椿或推動重物。讀音 IEUv。

搖不動 - IAI Mv TUNG。

醃(淹)- IAM：用鹽浸漬食物。生菜生吃。讀音 AM。

67

醃(淹)生 - IAM SANG　生吃。

醃(淹)瓜也 - IAM GUA E`　浸漬小黃瓜。

蘿蔔也醃(淹)生 - LOv PED^ LE`IAM SANG　蘿蔔生吃。

掞 - IAM^：

1、上下搖動、顛簸。又音　SAN^。

膨床掞掞動 - PONG^ TSONGv IAM^ IAM^ TUNG　彈簧床上下顛簸。

盡掞頭 - CHIN^ IAM^ TEUv　坐車、沙發、軟床，上下顛搖得很。

2、掞腳 - IAM^ GIOG`　抖動腳。

3、撒放：

掞香料 - IAM^ HIONG LIAU^　撒香料在食物上。

掞熱痱粉 - IAM^ NGIAD^ BI^ FUN`　撒痱子粉。

掀 - IAN：掀開、翻開。讀音　HIAN。

掀被 - IAN PI　掀開棉被。

掀開來看 - IAN KOI LOIv KON^。

我彈琴，你掀譜 - NGAIv TANv KIMv，Nv IAN PUv。

縈 - IANG：閒逛、縈繞、纏繞。讀音　INv。

縈上縈下 - IANG SONG IANG HA　到處閒逛。

縈線 - IANG CIEN^　纏線、整理線，以便使用。

印 - IANG^：痕跡。讀音　IN^。

腳印 - GIOG`IANG^。

刀印 - DO IANG^　刀痕。

刮到一印 - GUA`DO`ID`IANG^　被刮一傷痕。

枵 - IAU：空腹、飢餓。又音　HIEU。

肚枵 - DU`IAU 肚飢。

枵腹 - IAU FUG`＝BUG` 餓肚子。

枵鬼 - IAU GUI` 餓鬼。

枵儸 - IAU LOv 飢餓的僂儸。

爪 － IAU`：「爪 ZAU`」的變音。讀音 ZAU`。

1、以爪攻擊或被爪抓傷。

爪人 - IAU`NGINv 動物以爪划傷人。

爪頦 - IAU`GOI 同扠頦 - IA`GOI 吃到刺激性食物，使喉嚨食道癢

痛的感覺。或遇到困難不易解決的問題。

爪到手 - IAU`DO`SU` 抓傷了手。

2、動物的爪子，人的手、腳指。

雞爪 - GIE IAU` 雞的腳爪。

貓爪 - MEU^ IAU` 貓的腳爪。

加爪 - GA IAU` 多一手指或腳趾。

貓爪粢粑 - MEU^ IAU`CHIv BA 不得脫爪，越幫越忙，越抓越亂。

擁 - IE：一群人或動物成堆的擠來擁去。讀音 YUNG`。

擁來擁去 - IE LOIv IE HI^。

洟 - IEv：鼻涕、滑滑、粘粘的、很稠的液體。讀音 Iv。

洟洟 - IEv IEv 像摸到滑粘稠稠液體的感覺。

洟口涎 - IEv HEU`LAN 口水垂流。

弛 － IE`：鬆弛。讀音 TSv。

肚弛弛 - DU`IE`IE` 肚子肥大鬆弛的樣子。

掖 － IE^：肩臂下。在人的雙臂範圍之內，插在稻田中的五行禾稻。讀音

ID^。

一掖禾 - ID`IE^ UOv 五行禾稻。

禾掖 - UOv IE^ 成五行的禾稻。

撒 - IE^：散放，散布。讀音 SA`。

撒灰 - IE^ FOI。

撒穀種 - IE^ GUG` ZUNG`。

撒肥料 - IE^ PIv LIAU^。

撒稈 - IE^ GON` 把稻草撒開在地上曬，或撒在田中當肥料。

撒于一天一地 - IE^ A^ ID` TIEN ID` TI^ 撒得滿地。

等 - IEN：他們、她們（必須接在「伊」之後）。讀音 DEN`。

伊等 - Iv IEN 他們，她們，牠們。

拿去分伊等食 - NA HI^ BUN Iv IEN SD^ 拿去給他們吃。

喊伊等來食飯 - HEM Iv IEN LOIv SD^ FAN^ 叫他們來吃飯。

淖 - IEU：流質膠體。又音 JIOG^ , NAU^。

淖淖 - IEU IEU a.未硬化前的流質膠體。 b.漿糊太稠、稀飯不太稠。
                     c.粄也 - BAN` NE` 未硬前。

淖泥 - IEU NAIv 未硬的泥土。

粄也淖淖 - BAN` NE` IEU IEU 軟稠的米粄。

姻 - IM：婚姻親戚。讀音 IN。

1、男女結婚。

婚姻 - FUN IM。

姻緣 - IM IANv。

2、親戚。

姻親 - IM CHIN 妻和母方面的親戚。

淹 －IM：以水潤澤、浸水，放水入田，入水。又音 IAM , IAM` , IM^。

放水淹田 － BIONG^ SUI` IM TIENv 放水到田中潤澤水田禾稻。

屋肚裏淹水矣 － UG`DU`LI IM SUI`IEv 屋子裏浸水了。

淹 －IM^：放水入田，入水。又音 AM , AM` , IM。

1、放水入田。

放水淹田 － BIONG^ SUI` IM^ TIENv。

2、水浸。

水淹到膝頭 － SUI`IM^ DO^ CHID`TEUv 水深到膝。

浴 － IOG^：洗澡。讀音 YUG^。

浴堂 － IOG^ TONGv 浴室。

洗浴 － SE`IOG^ 洗澡。

搵浴 － UN^ IOG^ 浸浴。

牛搵浴 － NGYUv UN^ IOG^ 喻洗澡時間太長。

抓 －JI^：搔抓人的畏癢處。讀音 ZA。

抓乃脅下 － JI^ IA HIAB`HA 搔他脅下。

畏抓 － WI^ JI^ 怕搔到癢羞處。

棲 ＝JI^：棲息所在。讀音 CHI。

雞棲 － GIE JI^ 雞寮、雞竇。

漬 －JI^：染、吸。亦音 JID`、TSE^。

漬水 － JI^ SUI` 以紙或布吸取水分。

漬到衫褲 － JI^ DO`SAM FU^ 油漬或顏料染到衣服。

油漬漬到 － YUv JI^ JI^ DO` 多油滲出貌。

71

斜 - JIA：歪斜。讀音 CHIAv。

屋也斜斜 - UG`GE`JIA JIA 屋子歪斜。

妻(姐)-JIA`：妻=姐也 - JIA`E` 妻子。讀音 CH。

妻=姐婆 - JIA`POv、舖娘 - PU NGIONGv 或稱妻之母。

討妻=姐也 - TO`JIA`E` 娶妻。

輒 -JIAB^：每每、常常、屢次。讀音 ZAB`。

輒輒 - JIAB^ JIAB^ 常常、經常。

輒常 - JIAB^ SONGv 常常、經常。

輒來 - JIAB^ LOIv 常來。

眨 -JIAB^：眼睛不停眨。又音 NGIAB`, SAB`, ZAB`。

眨吱 - JIAB^ JI 眼睛紅，張不開，滿了目屎、淚水，不停眨眼的樣子。

擠 - JIAM：擠緊。同「尖 JIAM」。又音 GID^，JI`， JID`，JIO。

擠緊 - JIAM HENv 擠緊。

盡擠 - CHIN^ JIAM 很擠。

擠燒 - JIAM SEU 擠進人群中湊熱鬧。

擠上車 - JIAM SONG TSA。

擠麻油 - JIAM MAv YUv 擠榨麻油。

沾 -JIAM`：菜、肉蘸觸醬料。讀音 ZAM。

沾豆油 - JIAM`TEU^ YUv 沾醬油。

沾鹽 - JIAM`IAMv 蘸鹽。

沾菜 - JIAM`TSOI^ 菜蘸醬料。

蘸 －JIAM`：同「沾 JIAM`」。讀音 ZAM^。

蘸鹽 - JIAM`IAMv 沾鹽、

蘸豆油 - JIAM`TEU^ YUv 沾醬油。

粢粑也，蘸麻也 - CHIv BA E`，JIAM`MAv E` 糯米軟版蘸芝麻糖粉吃。

腱 - JIANG：無皮無油的瘦肉。筋肉著骨處。讀音 GIAN^。

腱豬肉 - JIANG ZU NGYUG` 無油瘦豬肉。

剪 －JIANG`：「剪」JIEN`的仿音。讀音 JIEN`。

剪拳 - JIANG`GIN` 從日本外來語ジャンケンポン：剪、拳、布＝包(JIANG`GIN`

BU^=BAU)：剪刀、拳(石)頭、布而來的"猜拳")。

傾 - JIANG^ ：倒置、倒吊。又音 CHIN`, KIN。

倒傾 - DO^ JIANG^ 頭下腳上倒置。

傾菜 - JIANG^ TSOI^。

傾鹹菜 - JIANG^ HAMv TSOI^ 將搓鹽後未乾的高麗菜或芥(鹹)菜，一片片擠入瓶

中，再將瓶子倒放，瓶口向下, 使之滴水乾燥。

擠 －JID`：用木棍擠壓。讀音 JI`。

擠入去 - JID`NGIB^ HI^。

擠分伊緊 - JID`BUN lv HENv 把它擠緊。

擠看哪 - JID`KON^ NA^ 擠壓看看、以棍探索看看。

漬 －JID`：醬浸，污點。又音 JI^ , TSE^。

瓜漬 －GUA JID` 醬瓜。

油漬 - YUv JID` 油污。

絕 —JID^：絕 CHIED^的變音：盡了、停了、斷了。讀音 CHIED^。
水絕歇矣 - SUI` JID^ HED` LEv 流水斷了。

擲 —JIED^：投擲。讀音 ZD`，又音 ED^, TSOD`。
擲石頭 - JIED^ SAG^ TEUv。
相擲 - CIONG JIED^ 互擲、用球或石頭互擲。

勁 —JIEN^：用力伸腳。讀音 GIN^。
勁腳 - JIEN^ GIOG` 腳出力伸或用力踩踏。

嬸 —JIM^：[河洛音] 叔母。讀音 SM`。
阿嬸 - A JIM^。
嬸婆 - JIM^ BOv 叔婆。

閂- JIN：關閉門戶用的橫木。又音 SON , TSON。
門閂 MUNv JIN。
閂門 - JIN MUNv 關門。

審 - JIN：嚴格盤問。讀音 SM`。
審一暗晡都審不出來 - JIN ID` AM^ BU DU JIN Mv TSUD` LOIv 盤問一夜都不供出
實話來。

擠 - JIO：人或動物擠縮一起。又音 GID^, JI`, JIAM , JID`。
擠于一堆 - JIO UA^ ID` DOI 擠成一堆。
擠上擠下 - JIO SONG JIO HA 擠來擠去。

74

斜 – JIO`：歪斜、傾斜。讀音 CHIAv。

斜 - JIO`JIO` 歪歪的、不端正。

斜一片 - JIO`ID`PIEN` 斜向一邊。

斜走矣 - JIO`ZEU`UEv 歪斜了。

喼 – JIOD^：用力吸吮。讀音 ZOD^。

喼田螺 - JIOD^ TIENv LOv 切去田螺尖尾，煮熟之後，用嘴在田螺尾開口處用力

吸吮，以吸出螺肉。

喼不出來 - JIOD^ Mv TSUD`LOIv 吸不出來。

淖 – JIOG^：腳踏泥濘或膠體所發出的聲音。又音 IEU, IEU`, NAU^。

唧唧淖淖 - JID^ JID^ JIOG^ JIOG^。

濫淖淖 - LAM^ JIOG^ JIONG^ 水濘貌。

爝 - JIONG："爝"JIOG`的變音：火把 , 火光。讀音 JIOG`。

冇火冇爝 - MOv FO` MOv JIONG 沒有燈光照耀 , 黑烏天暗。

朱 - JIU：紅到最紅。讀音 ZU。

朱紅 - JIU FUNGv 很紅、非常的紅。

腳 - KAv：[河洛音]：腳。讀音 GIOG`。

豬腳 - ZU KAv。

縛腳母 - BAG^ KAv MAv - 變音為 BAG^ HAv MAv 綁小腳的女人。

卡 – KA^：[河洛音] 較。讀音 KAv。

卡好 - KA^ HO` 較好。

75

卡多 - KA^ DO 較多。

卡大 - KA^ TAI^ 較大。

卡遽 - KA^ GIAG` 較快。

冇卡增 - MOv KA^ ZANG 沒有增加或更好，沒有差別。

刻 — KAD`：雕刻 KIED`的變音。罵人。讀音 KIED`。

刻印也 - KAD` IN^ NE` 刻印。

用刀也刻 - YUNG^ DO UE` KAD` 用刀子雕刻。

刻人 - KAD` NGINv 罵人。

分人刻矣 - BUN NGINv KAD` LEv 挨罵了。

掆 - KAI：用肩挑。讀音 KIANv。

掆擔 - KAI DAM 挑擔子。

掆枷 - KAI GA　a、刑具套在犯人頸上。

b、太陽或月亮周圍因濕氣形成的圓形虹彩。

掆柴 - KAI TSEUv 挑木柴。

掆水 - KAI SUI` 挑水。

掆肥 - KAI PIv 挑水肥。

掆糞 - KAI BUN^ 挑糞便。

空 - KANG：1、孔、洞。讀音 KUNG。

大空 - TAI^ KANG 大孔，大的孔洞。

細空 - SE^ KANG 小孔、小洞。

冇空矣 - MOv KANG NGEv 沒有孔洞了。

褲擘于恁大空 - FU^ BAG` GA^ AN` TAI^ KANG 褲子扯破這麼大的洞。

2、空頭 - KANG TEUv 心機、花樣、竅門。

交 - KAU：讀音 GAU。

76

1、物體交叉、交纏：

交手 - KAU SU` 手交叉。

交腳 - KAU GIOG` 腳交叉站立、交腿坐、雙腳絞紐而臥。

索也交穩矣 - SOG`GE`KAU UN`NEv 繩子交繞、糾結在一起了。

2、刀削。

交番薯 - KAU FAN SUv 削地瓜皮。

交樹皮 - KAU SU^ PIv 刨削樹皮。

交篾也 - KAU MED^ LE` a、削竹篾皮。

編織篾皮做竹器。

3、吹風、風乾、兜風。

交風 - KAU FUNG 放在通風處風乾。

蹺 - KAU：又音 KIAUv, KIEU。

腳蹺蹺 - GIOG`KAU KAU 腳骨彎曲不直，呈弧（ ）形。

訄 - KAU：諷刺、譏誚、講話帶刺。讀音 KYUv。

訄誚 - KAU SE` 以言語譏諷人。

訄訄誚誚 - KAU KAU SE`SE` 說話譏諷人。

蛭 = KIv：軟體、區長色黑黃的吸血水蟲 ：讀音 ZD`。

湖蛭 - FUv KIv 俗稱 ：馬黃。

舉(擎)- KIAv：〔河洛音 GIAv 的變音〕、舉起。讀音 GI`。

舉(擎)筆 - KIAv BID` 握筆。

舉(擎)竹篙 - KIAv ZUG`GO。

舉(擎)高起來 - KIAv GO HI`LOIv 舉高。

舉(擎)刀揭斧 - KIAv DO IAD^ BU` 大動干戈，刀光劍影。

朧 - KIAv：瘦而高。又音 KI。

高朧朧 - GO KIAv KIAv 瘦而高。

邋朧 - LAv KIAv 高腳蜘蛛的一種。

跨(胈)- KIA^：跨 KUA^的變音。又音 KIAM^ , KUA^。

跨(胈)杈 - KIA^ UA 雙足開叉走路。

腳跨跨(胈胈) - GIOG` KIA^ KIA^ 雙腳開叉走路貌。

腳跨(胈)開來 - GIOG` KIA^ KOI LOIv 把腳跨開！

袪 - KIA^：刷乾淨 , 清除。讀音 KI。

袪淨來 - KIA^ CHIANG^ LOIv 用刷子刷乾淨！

袪災 - KIA^ ZAI 清除災難。

袪病 - KIA^ PIANG^ 清除疾病。

雞袪 - GIE KIA^ 破開竹子的一端，敲地使之發聲，趕走雞隻的竹器。亦喻婦女

多嘴。

袪也 - KIA^ E` 清潔用的各種刷子。

袪把 - KIA^ BA` 以竹枝、樹枝編成 , 掃樹葉的 , 較粗的掃把。

吃 - KIAD`：又音 KIED`, KID^ , NGAD`。

吃虧 - KIAD` = KIED` KUI。

劇 - KIAG`：演戲。讀音 GID`。

戲劇 - HI^ KIAG`。

話劇 - FA^ KIAG` 對話戲劇。

劇本 - KIAG` BUN` 戲劇的腳本。

劇情 - KIAG` CHINv 戲劇情節。

敲 －KIAG^：敲 KAU^的變音、用拳曲的指背敲打。讀音 KAU^。

敲門 - KIAG^ MUNv 以指背敲門。

敲頭顱 - KIAG^ TEUv NAv 敲頭殼。

敲看哪 - KIAG^ KON^ NA^ 敲敲看。

檻 - KIAM：門下的橫木。又音 GAM^ , KAM`。

戶檻 - FUv KIAM 門檻。

門檻 - MUNv KIAM。

跨 －KIAM^：跨 KUA^、KIA^ 的變音，從上跨過。又音 KIA^ , KUA^ , KIANG^。

跨人 - KIAM^ NGINv 跨過人。

跨于過 - KIAM^ MA^ GO^ 以腳跨過！

跨過去 - KIAM^ GO^ HI^ 從身上跨過。

莫跨我 - MOG^ KIAM^ NGAIv 別從我身上跨過。

儉 - KIAM^：

1、節省，節約 :

省儉 - SANG` KIAM^ 節儉。

節儉 - JIED` KIAM^。

勤儉 - KYUNv KIAM^ 勤勞節儉。

2、不豐盛:

儉薄 - KIAM^ POG^ 欠缺。

3、不富麗 :

儉樸 - KIAM^ PUG^ 節省樸實。

4、收成不好 :

儉年 - KIAM^ NGIANv 收成不佳之年。

儉歲 - KIAM^ SUI^ 荒年。

79

拃 － KIAM^：伸開拇食兩指丈量：讀音 ZA`。

一拃長 - ID` KIAM^ TSONGv 伸開母指與他指兩指之間的長度。

圈 － KIAN`飼養牲畜的柵欄。禁止。周圍。讀音 KIAN。

豬圈 - ZU KIAN`。

羊圈 - IONGv KIAN`。

牛圈 - NGYUv KIAN`。

圈禁 - KIAN` GIM^ 禁足。

城圈 - SANGv KIAN` 城圍。

圓圈 - IANv KIAN`。

圈定 - KIAN` TIN^。

撐 - KIANGv：撐 TSANG^ 的變音 ： 舉撐到更高處。讀音 TSANG^。

撐竹篙 - KIANGv ZUG` GO 舉高竹竿。

衫褲撐高一些 - SAM FU^ KIANGv GO ID` CID` 將曬在竹竿上的衣物
撐到更高處。

強 － KIANG^：能幹、會做事。讀音 KIONGv。

恁強 - AN` KIANG^ 這麼能幹！

讀書蓋強 - TUG^ SU GOI^ KIANG^ 很會讀書。

盡強個細妹也 - CHIN^ KIANG^ GE^ SE^ MOI^ IE` 很能幹的女孩子。

儉 － KIANG^：節省。讀音 KIAM^。

省儉 - SANG` KIANG^ 節省。

儉嘴 - KIANG^ ZOI^ 吃過藥之後，為避免沖淡藥性，謹慎吃食。

曲 - KIAU： 曲 KYUD`的變音 ： 彎曲、不直。讀音 KYUD`。

彎曲 - UAN KIAU 個性變幻莫測。

曲曲 - KIAU KIAU 不直、彎曲、變形。

翹 - KIAU：死亡。又音 KIEU^，HIEU^，NGIA^，NGIEU^。

翹歇矣 - KIAU HED`LEv 死掉了。

撽 — KID^：攪拌使熟。讀音 KIAD^。

撽糨 - KID^ GANG 煮漿糊，邊煮邊攪拌。

撽甜粄 - KID^ TIAMv BAN` 將甜粄攪拌均勻。

緊煮緊撽 - GIN`ZU`GIN`KID^ 邊煮邊攪拌。

癡 - KIEv：傻、呆。讀音 TS。

癡戇 - KIEv NGONG^ 呆傻。

莫恁癡 - MOG^ AN`KIEv 別這麼傻！

疴 - KIEv：消化不良。讀音 KO。

肚笥疴疴 - DU`S`KIEv KIEv 肚子沒有消化的感覺。

解 — KIE`：解 GIAI`的變音：解開。將扣緊或繫在褲上的皮帶打開；打開包袱的結、解開繩結。讀音 GIAI`。

解皮帶 - KIE` PIv DAI^。

解索也 - KIE` SOG`GE` 解開繩結。

解開來 - KIE` KOI LOIv 解開它！

解不開 - KIE` Mv KOI。

解落矣 - KIE` LOD`LEv 解開了。

客 = KIE^：河洛音「客 KIE`」的變音。讀音 HAG`。

客人 - KIE^ LANGv 客家人。

81

客哥 - KIE^ GO：據說客家男人初到台灣時，找不到客族女人，乃找
　　　福佬女人作伴，因此稱福佬女人的姘夫為客兄 KIE^ HIA；男人
　　　的姘婦則稱福佬母或河洛母 HOG^ LO` MAv 或 HO^ LO` MAv。

弇 – KIEB`：讀音 GIEMv。

1、由上向下罩蓋。

弇魚也 - KIEB` NGv NGE` 以竹籐做的罩蓋去圈罩魚。

弇烏蠅 - KIEB` U INv 以罩子去網罩蒼蠅。

弇鵰也 - KIEB` DIAU UE` 以網罩擒捉小鳥。

2、蓋印。

弇印也 - KIEB` IN^ NE` 蓋章。

弇金票 - KIEB` GIM PEU^ 印製錢票。

3、店鋪倒閉。

弇歇矣 - KIEB` HED` LEv 倒閉了。

4、建築物倒塌。

屋也弇歇矣 - UG` GE` KIEB` HED` LEv 房子倒塌了。

愭 – KIEN`：發怒、氣憤、生氣。讀音 KOI`。

盡愭 - CHIN^ KIEN` 很生氣。

愭伊 - KIEN` Iv 氣他，對他生氣。

會愭死 - UOI^ KIEN` CI` 會氣死。

莫愭矣 - MOG^ KIEN` NEv 別氣了！

愭麼個 - KIEN` MA` GE^ 氣什麼？生什麼氣？

箍 - KIEU 同 "弳 KIEU"：環箍，圈成環形，畫圓圈。又音 KO, KAU , KIAUv。

1、用竹篾或鐵皮做的環，緊套在木桶上，使桶不致散開。

箍桶也 - KIEU TUNG` NGE` 圈箍木桶。

2、如水管卷曲成卷。

箍水管 - KIEU SUI`GON` 將軟水管圈成一卷。

箍電線 - KIEU TIEN^ CIEN^ 將電線圈成一卷。

蛇哥箍穩矣 - SAv GO KIEU UN` NEv 蛇卷曲著。

3、畫圓。

箍圓圈也 - KIEU IANv KIAN NE` 畫圓圈。

4、大箍 - TAI^ KIEU = KO 肥胖、胖子。

蹺(蹻)- KIEU：又音 KAU , KIAUv。

蹺(蹻)腳 - KIEU GIOG` 雙腳交叉。坐著或躺著一腳放在另一腳上。雙
　　　　　　　　足交叉盤坐。

撓 - KIEUv：又音 NAUv , NOv。

撓人 - KIEUv NGINv 小孩子為要求某物或某事，纏煩大人、啼哭不放
　　　的不乖舉動。

撬 － KIEU^：

撬起來 - KIEU^ HI`LOIv 用木、竹、鐵棍等，以槓桿原理將重物撬起或移動。

撬開 - KIEU^ KOI 以木、竹、鐵器撬開釘緊的木箱。

撬頭 - KIEU^ TEUv 不平衡，或稱"頭重輕 TEUv TSUNG KIANG"
　　　一頭重，另一頭輕；像人力車，因坐的人重，背一靠，拉的
　　　人輕，就被吊起離地。

撬尾 - KIEU^ MI 同"撬頭"。

撬槓 - KIEU^ GONG^ 撬起重物的竹槓、鐵槓。

尋 - KIMv：古時以八尺或兩臂張開的長度。讀音 CHIMv。

一尋長 - ID`KIMv TSONGv。

弇 － KIMv：籠罩雞鴨的罩子。又音 GIEMv , GIEM`, IAM`, KIEB`。

雞弇 - GIE KIMv 籠罩雞的竹罩或金屬罩。

肫 - KIN：鳥類的胃。讀音 ZUN。
雞肫 - GIE KIN 雞的消化器官，第二胃。
鴨肫 - AB`KIN 鴨的胃。
鵝肫 - NGOv KIN 鵝的胃。

倦 — KIOI^：倦 KIAN`的變音、疲倦。讀音 GIAN`，又音 KIAN`。
倦矣 - KIOI^ IEv 累了。
眠懶睡倦 - MINv LAN SOI^ KIOI^ 越躺越累，睡懶覺。

趕 — KIONG^：「趕 GON`的變音」。讀音 GON`。
趕快 - KIONG^ KUAI^ 趕緊，趕快。

靠 — KO^：「靠 KAU^」的變音：碰傷、壓傷、打傷。讀音 KAU^。
靠傷 - KO^ SONG。
西瓜分石頭靠到 - CI GUA BUN SAG^ TEUv KO^ DO` 西瓜被石頭碰傷。
磕 — KOG^ ：硬物的碰撞聲。又音 KAB`，NGAB^。
1、石頭、木頭、硬物踫撞聲、落地聲，頭的撞擊聲，膝蓋跪地聲。
磕磕滾 - KOG^ KOG^ GUN` 磕磕響。
磕于恁大聲 - KOG^ GA^ AN`TAI^ SANG 踫撞得這麼大聲。
2、大頭磕 - TAI^ TEUv KOG^ 笑人"大頭"！比人大的頭。

放 — KONG^：同「囥 KONG^」「放 BIONG^」。放置、存放、收藏。
　　讀音 FONG^。
放好 - KONG^= BIONG^ HO`。
放這裏 - KONG^= BIONG^ IA`LE。
放起來 - KONG^= BIONG^ HI`LOIv 收藏起來。

84

放于在哪也 - KONG^= BIONG^ NGA^ TSOI NA^ E` 放在哪裏？

拘 - KU：〔河洛音〕限制行動，使不自由。讀音 GI。
拘束 - KU SOG`。

苦 - KU：「苦 KU`」的變音，為生活操勞。讀音 KU`。
苦倒=苦到 - KU DO` 過勞而病倒。
苦上苦下 - KU SONG KU HA 來回為生活操勞。
苦日苦夜 - KU NGID` KU IA^ 日夜為生活操勞。

哭 - KU：幼兒以哭要求。讀音 KUG`。
哭人 - KU NGINv 兒童為求得某物、求准某事，在父母面前或周圍耍賴哭鬧。

唬 - KU：狗張牙弄爪、怒目盯人，欲咬人的樣子。讀音 FU`。
狗也唬人 - GIEU` UE` KU NGINv。

靠 － KU^：「靠 KAU^」的變音：支撐、憑靠。讀音 KAU^。
靠杖也 - KU^ TSONG` NGE` 以杖支撐。

刮 － KUAD`：：「刮 GUAD` 的變音」：訓責、指責、罵。讀音 GUAD`。
分人刮矣 - BUN NGINv KUAD` LEv 被人訓責、挨罵、挨刮鬍子。
愛刮伊 - OI^ KUAD` Iv 要訓戒他、要刮他鬍子！

摑 － KUAG^：「摑 GUAG^的變音」：敲打硬物聲、啃骨頭聲、頭殼

被敲聲、鞋跟著地聲。又音 GUAG^。
摑摑滾 - KUAG^ KUAG^ GUN` 喀喀作響。

蒯 －KUAI^。又音 KUAI`。讀音 KUAI`。

1、植物名，生在水邊，莖可編蓆。

2、蒯菜 - KUAI^ TSOI^ 韭菜。

3、姓。

鏗 －KUANG^：嘴快，多嘴，亂說話，信口開河。又音 KIN^ , KUANG。

鏗嘴 - KUANG^ ZOI^ 多嘴，信口開河。

屈 －KUD`：同「屈 KYUD`」。又音 KYUD`。

委屈 - WI KUD` 受屈辱。

榾 －KUD^：短的、斷的。讀音 GUD`。

1、短木塊：

樹榾也 - SU^ KUD^ LE`。

2、短的、斷的：

榾尾 - KUD^ MI 切去尾巴。切斷尾巴的動物。

榾尾牛 - KUD^ MI NGYUv 斷了尾巴的牛。

榾尾蛇 - KUD^ MI SAv 斷了尾巴的蛇。

榾歇矣 - KUD^ HED` LEv 後代斷絕了。

卷 - KUNv：〔河洛音〕，卷曲、纏繞、環繞。又音 GIAN` , KIAN`。

卷穩矣 - KUNv UN` NEv 卷曲著，如蛇、發條。

一卷電線 - ID` KUNv TIEN^ CIEN^。

滾 －KUN`：輾動。讀音 GUN`。

滾滾輾 - KUN` KUN` ZAN^ 人在地上滾動或圓筒形物體在地上滾動。

近 - KYUN：空間、時間距離短、不遠。

遠近 - IAN` KYUN。

近日 - KYUN NGID`。

近近焉 - KYUN KYUN NE 很近、不遠。

邐 - LAv：邐 LOv 的變音。

邐家門 - LAv GA MUNv 男女相親之後，女方往訪男家，看看男方的家門。

絡 － LAB`：網袋狀的東西。套上去。讀音 LOG^。

手絡也 - SU` LAB` BE` 手套。

絡上去 - LAB` SONG HI^ 套上去。

絡不落＝入 - LAB` Mv LOG^ = NGIB^ 套不進去。

落 － LAB`：讀音 LOG^。

1、落入、陷下去。

落下去矣 - LAB` HA HI^ IEv 腳或車輪陷入泥濘中、重物陷入深處。

落到窟也 - LAB` DO` FUD` LE` 落入窟窿中。

2、破。

袋也落歇矣 - TOI^ IE` LAB` HED` LEv 袋子破裂、東西掉落出來了。

塌 － LAB`：建築物倒塌，塌陷。讀音 TAB`。

屋也、橋也塌歇矣 UG` GE`, KIEUv UE` LAB` HED` LEv 房子、橋塌下來了。

烈 － LAD`：讀音 LIED^。

1、火、陽光猛烈，熾烈。

日頭烈 - NGID` TEUv LAD` 陽光熾烈。

火燒盡烈 - FO` SEU CHIN^ LAD` 火燒得熾烈。

2、燒焦的食物。

飯烈 - FAN^ LAD` 燒焦的飯底。

火燒烈 - FO`SEU LAD` 燒焦的食物、燙傷焦黑的皮膚。

臭火烈矣 - TSU^ FO`LAD`LEv 燒焦了、有焦味了！

剌 －LAG^：用刀劃開、切開，用鋸鋸開。又音 LAD^。

剌開 - LAG^ KOI 割開，鋸開。

剌樹也 - LAG^ SU^ UE` 鋸開樹木。

剌板也 - LAG^ BIONG NGE` 鋸開木板。

綠 －LAG^：綠 LYUG^ 的變音。讀音 LYUG^。

綠蛙 - LAG^ GUAI` 青蛙。

面綠青 - MIAN^ LAG^ CHIANG 面色發青。

拉 - LAI：互相拉扯，相撞。讀音 LA`。

相拉 - CIONG LAI 互相拉扯，打架。

拉到 - LAI DO` 打到，碰到，撞到。

拉－LAIv：讀音 LA`。

拉尿 - LAIv NGIAU^ 尿床。在睡夢中屙尿。

拉屎 - LAIv S` 不知不覺中屙出屎來。

籃 －LAM ：小型籃子。讀音 LAMv。

細籃也 - SE^ LAM ME` 小籃子。

嘴籃也 - ZOI^ LAM ME` 耕作時，籠住牲畜的嘴，使不能吃農作物的籠嘴器。

濫 - LAM：不耐用，身體弱。讀音 LAM^。

1、不耐用。

濫貨 - LAM FO^ 不耐用的貨物。

2、身體弱。

濫身 - LAM SN。

濫 – LAM`：讀音 LAM^。

濫糝 - LAM`SAM` 不循規矩，隨便。

涎 - LAN：口中津液，唾液。讀音 CIENv。

口涎 - HEU`LAN 唾沫。

涎丫也 - LAN A E` 圍兜兜，承口水的布圍。

伶 – LANGv：讀音 LINv。

伶俐 - LANGv LI^ 個性喜愛潔淨。

聆 - LANGv：凝神聽。讀音 LINv。

聆聽 - LANGv TANG 靜聽。

聆賞 - LANGv SONG` 靜聽欣賞。

聆教 - LANGv GAU^ 聽了心裡領會。

鈴 - LANGv：金屬製敲響器。讀音 LINv。

搖鈴 - IEUv LANGv 搖動中置鐵舌時，會發聲的金屬製響聲器。

電鈴 - TIEN^ LANGv。

連 - LNGAv：連 LIENv 的變音。讀音 LIENv。

狗相連 - GIEU`CIONG LANGv 狗在交配。

浪 LANG^：浪 LONG^的變音 ： 勒痕，痕紋。讀音 LONG^。

分樹奶勒到一浪 - BUN SU^ NEN^ LIAG^ DO`ID`LANG^ 被橡皮勒成浪痕。

一浪一浪 - ID`LANG^ ID`LANG^ 許多痕紋。

爐 —LANG^：大光。讀音 LONG`。

眨爐 - NGIAB`LANG^ 閃電。

另 —LANG^：別的。讀音 LIN^。

另外 - LANG^ NGOI^。

另日 - LANG^ NGID`。

另起爐灶 - LANG^ HI`LUv ZO^ 放棄以前的，重新、從頭做起。

另眼看待 - LANG^ NGIAN`KON^ TAI^ 特別看待對方。

與 - LAU：同、及、和。讀音 I。

紙與=同筆 - Z`LAU=TTUNGv BID`。

伊與=同我 - Iv LAU TUNGv NGAIv 他和我。

潦 —LAUv：以手戽水洗。讀音 LIAUv。

1、路上積水：

水潦 - SUI`LAUv。

2、以手戽水洗：

潦屎窟 - LAUv S^ FUD` 以手戽水洗屁股。

絡 —LAU^：收取沒人要的東西。讀音 LOG^。

絡壞東西歸來 - LAU^ FAI`DUNG CI GUI LOIv 收取壞的東西回來。

絡上絡下 - LAU^ SONG LAU^ HA 到處搜尋可吃或沒人要的東西。

漏 —LAU^：[河洛話]：泄氣。讀音 LEU^。

漏氣 - LAU^ KUI` 泄氣，所吹的氣球被戳破了，喻前所吹噓的誇大說
　　　辭或謊言被識穿了。表演或示範失敗。

伸 － LEEv：伸出。讀音 SN。

伸舌 - LEv SAD^ 舌頭伸出。

伸出來 - LEv TSUD`LOIv 伸出來、不注意掉出來。

舌伸伸到 - SAD^ LEv LEv DO` 舌頭伸出口外的樣子。

笠 － LEB`：用竹篾和竹葉或鹹草做的防雨防曬笠帽。讀音 LIB`。

笠麻 - LEB`= LIB`MAv 防雨防曬笠帽。

草笠 - TSO`LEB`= LIB` 草帽。

麥草笠 - MAG^ TSO`LEB`= LIB` 草帽。

垃－ LEB`：讀音 LA`。

垃圾 - LEB`SEB`= LA`SAB`。

勒 － LED^：讀音 LED^。

1、吸食聲：

勒勒滾 - LEB^ LEB^ GUN` 吸食稀飯或熱湯聲。

2、勒激 - LEB^ GIEB^ 水滿激蕩聲。

摟(扐) － LED^：用手環抱。讀音 LEUv。"扐"讀音 LA^

摟(扐)人 - LED^ NGINv 摟抱人。

摟緊 - LED^ HENv 抱緊。

摟(扐)石頭 - LED^ SAG^ TEUv 抱攬石頭。

摟(扐)西瓜 - LED^ CI GUA 抱攬西瓜，抱著懷孕的肚子。

肚摟摟(扐扐) - DU`LED^ LED^ 肚子大大的。

累 - LEU：累倒。讀音 LUI^。

會做累 - UOI^ ZO^ LEU 會累死。

91

做于會累矣 - ZO^ UA^ UOI^ LEU UEv 工作快累死了！

儡 - LIv：讀音 LUI。

傀儡 - GA`LIv　a、自己沒有主張而被操縱的人。 b、早期居住高山
　　　　上，會下山出草殺人的番人。

這 — LIA`：此。同「這 IA`」。讀音 ZE`。

這個 - LIA`GE^。

這擺 - LIA`BAI` 此次。

楔 —LIAB`：挾藏、擠塞。讀音 CIAB`。

楔牙齒 - LIAB`NGAv TS` 擠塞在牙縫中。

楔刀也 - LIAB`DO UE` 身藏刀子。

尾楔楔到 - MI LIAB`LIAB`DO` 夾著尾巴，比喻不受歡迎或沒有達到目
的。

避避楔楔 - BIANG^ BIANG^ LIAB`LIAB` 躲躲藏藏。

山坑楔角 - SAN HANG LIAB`GOG` 極其偏僻處。

掠 — LIAG`：讀音 LIOG^。

1、強取 ：

劫掠 - GIAB`LIAG`。

2、捕捉 ：[河洛音]：抓到。

掠到 - LIAG`DO` 抓到。

溜掠 - LIU^ LIAG`：[河洛音] 動作輕巧敏捷。

勒 — LIAG^：讀音 LED^。

1、以橡皮筋、絲線、繩索捆綁。

勒緊 - LIAG^ HENv 捆緊。

分樹奶勒到一浪 - BUN SU^ NEN^ LIAG^ DO`ID`LANG^ 被橡皮筋勒成
一條凹痕。

2、銅錢成串的踫撞聲：

勒勒滾 - LIAG^ LIAG^ GUN` 勒勒作響。

稜 － LIAM^：物體的銳角稜線。讀音 LINv。

五稜 - NG`LIAM^ 楊桃有五稜。

三稜棍 - SAM LIAM^ GUN^ 使用在水田中一邊壓草入土，又一邊拖平
　　　　　　田土的農具。

一稜一稜個糖也 - ID`LIAM^ ID`LIAM^ GE^ TONGv NGE` 表面呈現整
　　　　　　　　齊平行稜線長條的糖果。

鈴 － LIANG^：電鈴、電話鈴聲。讀音 LINv。

鈴于恁大聲 - LIANG^ NGA^ AN`TAI^ SANG 響得這麼大聲。

讔 － LIANG^：謎語 ： 影射事物，供人猜測的迷樣詞句。讀音 YUN`。

讔也 - LIANG^ NGE` 謎語。

做讔分人揣 - ZO^ LIANG^ BUN NGINv TONv 出謎語給人猜。

撩 - LIAU：又音 LIAUv，LUv。

1、提起、提取。

褲腳撩起來 - FU^ GIOG`LIAU HI`LOIv 褲管提起來。

2、用圓鍬或鏟子將地上的東西劐起來。

撩屎 - LIAU S` 鏟起地上的糞便。

撩 － LIAUv：挑逗，戲弄人。又音 LIAU，LUv。

撩人 - LIAUv NGINv 挑逗人。

撩习 - LIAUv DIAU 動手動腳。

撩撩觸觸 - LIAUv LIAUv DUD`DUD` 動手動腳戲弄人。

繚亂 - LIAUv LON^ 紛亂。

潦 - LIAUv：又音 LAUv，LAU^，LO`。

1、做事不精細：

潦草 - LIAUv TSO`。

2、境遇不順：

潦倒 - LIAUv DO`。

聊 - LIAU^：邊談邊走。休息、放假、遊玩、玩耍。亦音 LIAUv。

放聊 - BIONG^ LIAU^ 放假。

遊聊 - YUv LIAU^ 遊覽、遠足、旅行。

行聊 - HANGv LIAU^ 邊走邊看、散步。

聊日 - LIAU^ NGID` 假日。

聊涼 - LIAU^ LIONGv 納涼，休息。

來聊 - LOIv LIAU^ 邀人來玩！

瞭 - LIAU^：登高遠望。亦音 LIAU`。

瞭望 - LIAU^ UONG^。

斂 - LIEN`：退吐。又音 LIAM`, LIAM^。

1、退卻不進：

斂退 - LIEN`TUI^。

2、從口中退吐。

斂骨頭 - LIEN`GUD`TEUv 從口中退出骨頭。

斂出來 - LIEN`TSUD`LOIv 從口中退吐出來。

躪 - LIEN^：踐踏、踩踏、摧殘。又音 NANG^。

莫躝上躝下 - MOG^ LIEN^ SONG LIEN^ HA 別踩來踩去。
分牛腳躝到 - BUN NGYUv GIOG` LIEN^ DO` 被牛腳踩到。

輪 － LIEN^：車船或器物上圓形轉動的東西。讀音 LUNv。
輪也 - LIEN^ NE` 輪子。
車輪也 - TSA LIEN^ NE`。
冇輪也 - MOv LIEN^ NE` 沒有輪子。

飲 - LIM：〔河洛音〕。喝、飲。讀音 IM`。
飲酒 - LIM JIU`。
飲茶 - LIM TSAv。
飲湯 - LIM TONG。

輪 - LINv：輪 LUNv 的變音，輪流、輪到。讀音 LUNv。
輪水 - LINv SUI` 輪流給水。
輪食 - LINv SD^ 輪流奉養膳食。
一輪 - ID` LINv 循環一回。
照輪 - ZEU^ LINv 依序輪流。
輪到我矣 - LINv DO` NGAIv IEv 輪到我了！

掠 － LIOG^：又音 LIAG`。
1、搶奪。
掠奪 - LIOG^ TOD^。
掠取 - LIOG^ CHI` 奪取。
掠美 - LIOG^ MI 搶奪美女，奪取他人功績。
2、用刑具拷打。
拷掠 - KAU` LIOG^。
3、梳順頭髮：

掠頭顧毛 - LIOG^ TEUv NAv MO 梳頭髮。

縫 LIONv：縫 FUNGv 的語音。以針線縫。讀音 FUNGv。

用針縫 - YUNG^ ZM LIONv。

縫矣三針 - LIONv NEv SAM ZM 縫了三針。

量 - LIONGv：又音 LIONG^。

1、用器物確定東西的長短、大小、高低、輕重、多少。

丈量 - TSONG^ LIONGv。

量米 - LIONGv MI`。

拿尺來量 - NA TSAG` LOIv LIONGv。

量體重 - LIONGv TI` TSUNG

量體溫 - LIONGv TI` UN。

量身定做 - LIONGv SN TIN^ ZO^ 照著身材大小去做。

2、斟酌。

商量 - SONG LIONGv。

考量 - KAU` LIONGv 考慮商量。

3、審度、計算。

量入為出 - LIONGv NGIB^ WIv TSUD` 按收入的多少，支配支出。

輛 - LIONGv：車輛的數目。又音 LIONG^。

一輛車也 - ID` LIONGv TSA E` 一輛車子。

幾下輛舊車也 - GI` HA LIONGv KYU^ TSA E` 好幾部舊車子。

罶 – LIU`：以餌誘魚。以曲薄倒門使魚能進不能出、似筍而非筍的
　　　　　捕魚竹器。又音 LUI`。

罶人 - LIU` NGINv 欺詐，設圈套騙人進入。

罶簣 - LIU` GUNG = LUI` GUNG 以竹篾編織成的盛裝魚蝦的盛具。

96

罶 － LIU^：用來套東西的繩結。又音 LIU`。

蛤蟆罶也 - HAv MAv LIU^ UE` 可放鬆可縮緊、上下滑動的活結。

罶掠也 - LIU^ LIAG` GE` 套物繩結。

紐 － LIU^：〔河洛音〕套結、鈕扣。讀音 NEU`。

紐也 - LIU^ UE` 紐扣。

紐緊 - LIU^ HENv 套緊。

蛤蟆紐也 - HAv MAv LIU^ UE` 抓青蛙的活結。

溜 － LIU^： 又音 LIU。

1、滑過。

溜冰 - LIU^ BEN。

2、滑落。

滑溜 - UAD^ LIU^。

3、溜歇矣 - LIU^ HED` LEv　a. 鬆脫了。b. 流產了。

4、溜皮 - LIU^ PIv 脫皮。

5、簷溜 - IAMv LIU^ 屋簷流下來的雨水。

落(糳) - LO：落入，加入，混合。讀音 LOG^。糳：讀音 NOv。

落(糳)鹽 - LO IAMv 加入鹽。

落(糳)糖 - LO TONGv 加入糖。

落(糳)陣 - LO TSN^ 加入陣營。

落(糳)合矣 - LO GAB` BEv 混合在一起了。

落(糳)到矣 - LO DO`UEv 混合在一起了。與人有染了。

落(糳)共下 - LO KYUNG^ HA^ 混在一起。

簍 - LOv：竹藤編成的盛具。又音 LEUv。

字紙簍 - S^ Z` LOv 放字紙的竹簍。

一簍筐 – ID` LOv KIONG 滿一簍。

裸 – LO`：不穿衣褲。又音 LA`。

赤裸 - TSAG` LO` 赤身裸體。

裸體 - LO` TI` 赤裸身體。

裸身露體 - LO` SN LU^ TI` 裸露身體。

潦 – LO`：做事、寫字不精細。又音 LIAUv。

潦草 - LO` TSO`。

落 – LO^：寥寥甚少。疏落、稀少、稀疏。

頭顱毛落落 - TEUv NAv MO LO^ LO^ 頭髮稀疏。

落落 - LO^ LO^ 毛衣或布織得稀疏。

恁落個毛線衫 - AN` LO^ GE^ MO CIEN^ SAM 這麼稀疏的毛線衣。

嘍 – LO^：呼叫動物。又音 LEU^。

嘍狗也 - LO^ = LEU^ GIEU` UE` 喊狗。

外 – LO^：讀音 NGOI^。

外背 - LO^ BOI^ 外 面 。

鑢 – LO^：在皮膚上塗硬質藥條。讀音 LU^。

鑢薄荷玉 - LO^ POG^ HOv NGYUG^。

老 – LO^：讀音 LO`。

老鼠 - LO^ TSU`。

老虎 - LO^ FUv。

落 — LOD`：鬆落、脫開。讀音 LOG^。

落毛 - LOD`MO 脫毛。

落歇矣 - LOD`HED`LEv 掉、鬆落了。

擘不落 - BOG`Mv LOD` 擘不開。

落骨頭 - LOD`GUD`TEUv 啃吃附在骨頭上的肉。

力 — LOG`：出力、覓食。讀音 LID^。

力食 - LOG`SD^ 設法找吃，賺錢糊口。

樂 — LOG`：不慌不忙地、輕輕鬆鬆地。讀音 LOG^。

樂樂焉做 - LOG`LOG`GE ZO^ 不慌不忙地做。

落 — LOG`：同 "挈确 - LOG`KOG`"。 讀音 LOG^。

落确 - LOG`KOG` 破舊鬆脫的樣子。

朗 - LONG：同「朗 LONG`」。又音 LONG^。

1、明亮。

明朗 — MINv LONG。

晴朗 - CHIANGv LONG。

天朗矣 - TIEN LONG NGEv 天晴了。

2、聲音響亮。

朗讀 - LONG TUG^ 大聲讀。

朗誦 - LONG CYUNG^ 大聲讀。

囹 - LONG：讀音 LINv。

囹也 - LONG NGE` 囹圄（LINv NGv 監獄）。

撩 - LUv：「撩 LIAUv」的變音。提取、捲起、掀開褲子。讀音 LIAUv。

撩褲腳 - LUv FU^ GIOG` 提起褲管。

撩褲頭 - LUv FU^ TEUv 把滑下去的褲子提高。

撩開來 - LUv KOI LOIv 掀開來：如掀開男孩子的褲子小便。

逯 - LU`：讀音 LUG`。

1、衣褲因動作而移位。

衫逯出來矣 - SAM LU` TSUD` LOIv IEv 衣衫跑出來了。

2、與人理論、磨時間。

同伊逯 - TUNGv Iv LU` 跟他磨、與他理論到底。

3、做超過自己力量的吃力工作。

逯不上 - LU` Mv SONG 以此力量推不上去。

鑢 - LU^：磨、擦。又音 LI^，LO^。

鑢平 - LU^ PIANGv 磨平。

鑢金 - LU^ GIM 磨亮。

鑢到手 - LU^ DO` SU` 磨擦到手。

鑢溜皮 - LU^ LIU^ PIv 磨擦破皮。

鑢淨矣 - LU^ CHIANG^ NGEv 磨乾淨了。

落 - LUD`：「落 LOG^、LOD`」的變音。讀音 LOG^。

1、鬆開、脫落。

落歇矣 - LUD` HED` LEv 鬆脫了。

擘不落 - BOG` Mv LUD` 擘不開。

2、以手擦拭。

落皮 - LUD` PIv 脫皮。

落雞毛 - LUD` GIE MO 將雞皮上的細毛，擦拔乾淨。

落頸筋 - LUD` GIANG` GIN 用手擦乾淨頸上的污垢。

落不淨 - LUD` Mv CHIANG^ 擦不乾淨。

抭 −LUD^：握住一頭，順手滑壓過去。讀音 LOD^。

抭奶 - LUD^ NEN^ 擠奶汁。

抭穀串 - LUD^ GUG` TSON^ 扯去穀穗的穀粒。

抭樹葉也 - LUD^ SU^ IAB^ BE` 扯去樹枝上的樹葉。

氽 −LUG^：用滾水燙煮，不加酌料。被滾水燙到。又音 SAB^ , SAUv , TSON , TUN`。

氽粄也 - LUG^ BAN` NE` 燙熟米粄。

氽麵條 - LUG^ MIEN^ TIAUv 煮燙麵條。

氽罌也 - LUG^ ANG NGE` 水燙瓶子。

手分滾水氽到 - SU` BUN GUN` SUI` LUG^ DO` 手被開水燙到。

擂 - LUI：用手拳打。讀音 LUIv。

擂人 - LUI NGINv 以拳打人。

分人擂矣 - BUN NGINv LUI IEv 挨人拳打了。

累 - LUI：讀音 LUI^。

累贅 - LUI TSUI^ 麻煩，拖累。

纍 - LUI：讀音 LUI`。

1、同「縲」，拘繫，監禁 ：

纍囚 - LUI CHIUv 拘繫罪犯。

2、大繩索。

斫纍 - ZOG` LUI 砍斷大繩。

3、堆高 ：

危如纍卵 - NGUIv lv LUI LON` 危險如堆卵。

4、連接成串 ：

結實纍纍 - GIAD`SD^ LUI LUI 結實成堆。

擂 - LUIv：又音 LUI。

1、研碎。

擂胡椒 - LUIv FUv ZEU。

擂糜 - LUIv MIENv 研碎成粉。

2、擂台 - LUIv TOIv 比賽場所。

3、擊打。

擂鼓 - LUIv GU` 擊鼓。

累 － LUI`：又音 LEU , LUI , LUI^。

1、增加。

累積 - LUI`JID`。

2、麻煩、拖累。

累贅 - LUI`ZUI^ 增加拖累麻煩的事物。

3、屢次。

累次 - LUI`TS^。

累犯 - LUI`FAM^ 重複犯罪。

累年 - LUI`NGIANv 連年。

累卵 - LUI`LON` 危險堆卵，同「壘卵」。

累次三番 - LUI`TS^ SAM FAN 一再、屢次。

經年累月 - GIN NGIANv LUI`NGIAD^ 積累很久。

纍 － LUI`：又音 LUI。

1、同「纍 LUI」。

2、監禁。

纍囚 - LUI`CHIUv 拘繫罪犯。

102

纍簣 - LUI`GUNG 以竹篾編織成的盛裝魚蝦的盛具。

3、纏繞。

4、纍卵 - LUI`LON` 疊卵，危險。

5、纍纍 - LUI`LUI` a、結果實很多。b、失意貌。

輪 - LUN：碾壓。讀音 LUNv。

輪米 - LUN MI` 以石輪或橡皮輪將糙米碾磨成白米。

籠 - LUNG：用竹篾、籐片編成的盛動物器具。讀音 LUNGv。

雞籠 - GIE LUNG。

豬籠 - ZU LUNG。

竹籠 - ZUG`LUNG。

鵰籠 - DIAU LUNG 鳥籠。

不 - Mv：表否定、未定、禁止，通「毋，否」。

不係 - Mv HE^ 不是。

不知 - Mv DI。

不識 - Mv SD` 不認識，不曾。

不著 - Mv TSOG^ 不對。

不好 - Mv HO`。

乜 - MA：也、亦。又音 MA^ , ME^。

我乜愛 - NGAIv MA OI^ 我也要。

伊乜來矣 - Iv MA LOIv IEv 他也來了。

冇錢貨乜好 - MOv CHIENv FO^ MA HO` 拿不到錢，拿貨也好。

姆 – MAv：讀音 MU。

1、指雌性的。

雞母 - GIE MAv 母雞。

鴨母 - AB`MAv 母鴨。

鵰母 - DIAU MAv 母鳥。

豬母 - ZU MAv 母豬。

狗母 - GIEU`MAv 母狗。

貓母 - MEU^ MAv 母貓。

牛母 - NYUv MAv 母牛，亦稱耐磨的女性。

猴母 - HEUv MAv 母猴；罵女人不正經。

公個母個 - GUNG GE^ MAv GE^ 公的、雄性的，母的、雌性的。

母個牯個 - MAv GE^ GU`GE^ 母的，公的。

2、常加在單字物名後面的習慣用詞。

舌母 - SAD^ MAv 舌頭。

杓母 - SOG^ MAv 瓢杓、大型舀水盛器。

薑母 - GIONG MAv 老的薑。

鯉母 - LI MAv 大鯉魚。

3、罵女人或損女人的話：

癲母 - DIEN MAv 罵人不正經，瘋婆子。

發脹母 - BOD`ZONG^ MAv 罵人發脹，不得好死。

毧家母 － YUNGv GA MAv 頭髮不洗又不梳頭的瘋女人。

麼 － MA`：問詞：什麼？又音 MEv , MOv。

麼人 - MA`NGINv 什麼人、誰？

麼儕 - MA`SAv 誰？

麼個 - MA`GE^ 什麼？

做麼個 - ZO^ MA`GE^ 做什麼？

看麼個 - KON^ MA`GE^ 看什麼？

麼個東西 - MA`GE^ DUNG CI 什麼東西？

乜 – MA^：也、亦。又音 MA , ME^。

我乜愛 - NGAIv MA^ OI^ 我也要。

你乜係 - Nv MA^ HE^ 你也是。

伊乜來矣 - Iv MA^ LOIv IEv 他也來了。

冇錢貨乜好 - MOv CHIENv FO^ MA^ HO` 拿不到錢，拿貨也好。

摵 – MAG^：又讀 MED`, MIED`, MUD^。

1、棒棍擊打。

摵分伊死 - MAG^ BUN Iv CI` 把他打死，打死他）= 摵畀死 - MAG^
　　　　　　　BI` CI`。

摵到腳 - MAG^ DO` GIOG` 棒棍打到了腳。

2、打倒摵 - DA` DO^ MAG^ 直著身體向後倒。

3、摵摵風 - MAG^ MAG^ FUNG 突然地。

蒙 - MANG：遮蓋。讀音 MUNGv。

蒙面 - MANG MIEN^。

蒙頭 - MANG TEUv。

蒙嘴 - MANG ZOI^ 戴口罩。

滿 - MANG：滿 MAN 的變音。讀音 MAN。

彌滿 - MIv MANG 密合，不漏水、不漏氣、不漏光。

未 - MANGv：還未、尚未、未曾之意。讀音 WI^。

未曾 - MANGv CHIENv = TSENv 未曾、還未。

未有 - MANGv YU 還沒有。

未愛 - MANGv OI^ 等一等 ！還不要 ！

未會 - MANGv UOI^ 還不會。

未正 - MANGv ZANG^ 還未放正，還未做好。

未熟 - MANGv SUG^ 還未熟透。

未去 - MANGv HI^ 還沒去。

未到 - MANGv DO ^ 還未到。

未做 - MANGv ZO^ 還沒做。

未食 - MANGv SD^ 還沒有吃。

未買 - MANGv MAI 還沒有買。

未醒 - MANGv CIANG` 還未醒來。

未曾項 - MANGv TSENv = CHIENv HONG^ 還沒起床。

未項床 - MANGv HONG^ TSONGv 還未起床。

未畢業 -MANGv BID`NGIAB^ 還沒畢業。

未曾學行先學走 - MANGv TSENv HOG^ HANGv CIEN HOG^ ZEU` 尚未
　　　　　　學走路，就先學跑步。基礎未打好，就先蓋房子。

包 － MAU^：全部承攬、全部收買、全部包辦、全部負責。讀音 BAU。

總包 - ZUNG`MAU^ 全部包攬。

做包事 - ZO^ MAU^ SE^ 總包的工作、趕工。

伊包寫，我包貼 - Iv MAU^ CIA`, NGAIv MAU^ DIAB` 他負責寫，我負
　　　　　　責貼。

母 - ME：「母 MU」的變音，媽媽。讀音 MU。

阿母 - A ME 媽媽。

吾母 - NGA ME 我的媽媽。

伯母 - BAG`ME。

戚母 - CHIA ME 親家母。

舅母 - KYU ME。

乃母 - IA ME 他的媽媽。

丈母哀 - TSONG ME OI 丈母娘。

阿母哀 - A ME OI 我的媽呀！

106

嗎 - MEv：問話。同「嗎 MAv」「麼 MAv」。讀音 MAv。

係嗎 - HE^ MEv 是嗎？

你愛伊嗎 - Nv OI^ Iv MEv 你愛她嗎？

麼 - MEv：問話。同「嗎 MAv」「麼 MAv」。讀音 MOv

係麼 - HE^ MEv 是嗎？

不敢去麼 - Mv GAM` HI^ MEv 不敢去嗎？

乜 － ME^：也、亦。又音 MA , MA。

我乜係 - NGAIv ME^ HE^ 我也是。

你乜愛來 - Nv ME^ OI^ LOIv 你也要來。

伊乜冇去 - Iv ME^ MOv HI^ 他也沒去。

搣 - MED`：搞、做、弄。亦音 MIED`, MAG^, MUD^。

搣麼個 - MED` MAG` GE^ 搞什麼？

搣壞矣 - MED` FAI` IEv 搞壞了。

麼個都搣不成 - MA` GE^ DU MED` Mv SANGv 什麼都搞不成。

微 - MI：又音 WI。

1、細小：

微細 - MI SE^。

微薄 - MI POG^ 很少。

微笑 - MI SEU^ 淺笑、輕笑。

微意 - MI I^ 微薄的情意。

微生物 - MI SEN UD^ 細菌。

輕微 - KIANG MI 稍微。

微血管 - MI HIAD` GON`。

107

微毛末節 –MI MO MAD^ JIED` 瑣細的事物。

微不足道 - MI BUD` JYUG` TO^ 微細得不足被提起來談論。

2、精妙：

微妙 - MI MEU^ 精妙。

3、卑賤：

卑微 - BI MI。

4、衰敗：

衰微 - SOI MI 衰敗，卑賤。

5、微服出巡 - MI FUG^ TSD` SUNv 改換服裝出巡。

抹 - MIv：擦拭： 讀音 MAD`。

抹桌抹凳 - MIv ZOG` MIv DEN^ 擦桌椅。

抹桌布 - MIv ZOG` BU^ 抹布。

抹抹摸摸 - MIv MIv MIO MIO 東摸西摸。

毛 - MIv，MI^：「毛 MO」的變音。讀音 MO。

毛毛雨 - MIv MI^ I` 下不停的細雨。

覓 – MI^：在水中尋找，摸取。讀音 MED`。

覓蜆也 - MI^ HAN` NE` 在水中摸撿河蜆。-

汨 – MI^：同「覓」。

1、在水中摸尋。

汨蜆也 - MI^ HAN` NE` 在水中摸撿河蜆。

2、潛入水中。

沒淬汨也 - MUD^ CHI^ MI^ IE` 游泳時，頭沒入水中。

沒汨淬也 - MUD^ MI^ CHI^ IE` 游泳時，頭沒入水中。

3、汨羅江 - MI^ LOv GONG 水名，在今湖南省，戰國時楚大夫屈原

投此江而死。

與「汨 GUG`, GUG^, IAD^」不同。

摸 - MIA：「摸 MO」的變音。又音 MO , MIO。

摸頭顱 - MIA TEUv NAv 摸頭殼。

摸看哪 - MIA KON^ NA^ 摸摸看。

摸不得 - MIA Mv DED` 摸不得、不能摸。

蒙 - MIANG：「蒙 MUNGv , MANG」的變音。像曬網一樣，把濕布、
　　　　　被、衣服披在某地某物上。讀音 MUNGv，又音 MANG。

蒙于石頭上 - MIANG NGA^ SAG^ TEUv HONG^ 披在石頭上。

盲 - MIANG：讀音 MONGv。

睛盲 - CHIANG MIANG 瞎眼，有眼無珠。

發睛盲 - BOD` CHIANG MIANG 做惡夢。

明 - MIANGv：讀音 MINv。

清明 - CHIANG MIANGv 節候名：清明節，掃墓節。

明年 - MIANGv NGIANv 將來的一年。

命 – MIANG^：又音 MIN^。

1、人的一切是由上天安排的，人力無法改變的。

生命 - SEN = SANG MIANG^。

命運 - MIANG^ YUN^。

命途 - MIANG^ TUv 命運的途徑。

認命 - NGIN^ MIANG^ 認定順服上天所安排的，不怨天尤人。

怨命 - IAN^ MIANG^ 埋怨命途不順。

拼命 - PAN^ = BIANG^ MIANG^ 竭力，賣命。

2、性命、生物生活的機能。

命根 - MIANG^ GIN 壽命的根本。

命案 - MIANG^ ON^ 人命案件。

命脈 - MIANG^ MAG` 血脈為生命所繫。

長命 - TSONGv MIANG^ 活得久。

短命 - DON` MIANG^ 生命短暫、詛咒人不長命。

命歪 - MIANG^ UAI 命不好。

冇命 - MOv MIANG^ 沒有生命。

覓 － MIED`：「覓 MED`」的變音，搞、幹、做、弄。讀音 MED`。

覓麼個 - MIED` MAG` GE^ 搞什麼？

覓壞矣 - MIED` FAI` IEv 搞壞了。

搣 － MIED`：做、搞、幹、弄。又音 MED`, MAG^ , MUD^。

搣麼個 - MIED` MA` GE^ 搞什麼 ？

搣壞矣 - MIED` FAI` IEv 搞壞了。

搣衰人 - MIED` SOI NGINv 弄衰人，捉弄人，攪亂人。

搣鬼搣怪 - MIED` GUI` MIED` GUAI^ 搞一些奇奇怪怪的事。

麼個都搣不成 - MA` GE^ DU MIED` Mv SANGv 什麼都搞不成。

糜 - MIENv：讀音 MIv，又音 MUD`。

1、煮爛。

煮糜 - ZU` MIENv 煮爛。

冇糜 - MOv MIENv 不夠爛、不爛，不夠碎。

蓋糜 - GOI^ MIENv 很爛，很碎。

盡糜 -CHIN^ MIENv 很爛，很碎。

2、搗碎。

摌糜 - TSUIv MIENv 搗碎，打碎。

咀糜 - TSEU^ MIENv 嚼碎 ，咬碎。

糜糜 - MIENv MIENv 搗碎的、爛爛的。

摸 - MIO：「摸 MO」的變音。又音 MO , MIA。
1、暗中摸索。
摸看哪 - MIO KON^ NA^。
2、忙東忙西不停。
摸摸 - MI MIO 窮忙。
摸日摸夜 - MIO NGID`MIO IA^ 日夜窮忙。

芒 - MIONGv：又音 MONGv。
芒種 - MIONGv ZUNG^ 節候名，在陽曆六月七或八日。

不愛 - Mv MOI 不愛也不要。

磨 - MOI`：沒有牙齒的咀嚼。又音 MOv , MO^ , NOv。
磨不糜來食 - MOI`Mv MIENv LOIv SD^ 嚼不碎來吃。

耄 - MOI`：「耄 MAU`」的變音，同「磨 MOI`」：八、九十歲老人的吃
　　　　　　食情形，以牙齦嚼磨食物。又音 MAU`。
耄番豆 - MOI`FAN TEU^ 嚼食花生米。
耄不糜來食 - MOI`Mv MIENv LOIv SD^ 嚼不碎(爛)來吃。

望 - MONG^：同「望 UONG^ 」。讀音 UONG^。
1、遠眺。
眺望 - TIAU^ MONG^ 遠看。
望洋興嘆 - MONG^ IONGv HIN TAN^ 比喻視野開闊後，有感於自己
　　　　　　的渺小而心生感嘆；無能為力。
2、希盼。

111

希望 - HI MONG^ = UONG^。

冇望矣 - MOv MONG^ NGEv 沒有指望了。

3、名聲。

名望 - MIANGv MONG^ = UONG^。

望族 - MONG^ = UONG^ TSUG^ 有名望的家族。

糜 - MUD`：腐爛、朽壞。讀音 MIv。

糜糜 - MUD`MUD` 腐爛的。

糜歇矣 - MUD`HED`LEv 腐爛掉了。

糜子弟 - MUD`Z`TI^ 無用的孩子。

摵 — MUD^：「摵 MAG^」的變音，用棍擊打。讀音 MAG^。

分人摵矣 - BUN NGINv MUD^ LEv 被人毆打了。

摵毑死 - MUD^ BI`CI` 打死他！

捧 — MUNG`：「捧 BUNG`」的變音。用手捧端。讀音 BUNG`。

捧茶 - MUNG`TSAv 端茶。

捧碗 - MUNG`UON` 端碗。

捧飯 - MUNG`FAN^ 端飯。

捧菜 - MUNG`TSOI^ 端菜。

捧好 - MUNG`HO` 端好。

若 - NA = NA^：[福佬音] ：又音 IOG^, NGIA。

1、設使，假如。

若係 - NA = NA^ HE^ 假如是。

若冇 - NA = NA^ MOv 假若沒有。

若愛 - NA = NA^ OI^ 若要。

2、好像。

112

手若人個腳一樣 - SU`NA = NA^ NGINv GE^ GIOG`ID`IONG^ 手像人
的腳一樣，比喻遲鈍死板。
若人個頭家樣焉 - NA = NA^ NGINv GE^ TEUv GA IONG^ NGE 好像人
的老闆一樣。

顱 - NAv：讀音 LUv。
頭顱 - TEUv NAv 頭、頭部、腦蓋。

林 - VAv：[河洛音] 樹林。讀音 LIMv。
樹林 - SU^ NAv = LIMv。
杉林 - SAM NAv 杉木森林。

灼 - NAD`：火燙。讀音 ZOG`。又音 TSAD^。
灼到手 - NAD`DO`SU` 火燙到手。

燃 - NAD`：同「灼 NAD`」，火燙。讀音 IANv。
燃到手 - NAD`DO`SU`。

嚛 - NAD`：大笑、喜樂而笑、戲笑 。讀音 KIOG`。
莫嚛恁大聲 - MOG^ NAG`AN`TAI^ SANG 別笑那麼大聲。
又嘐又嚛 - YU^ GIEU^ YU^ NAG` 又哭又笑。

捺(乀) - NAG^：
1、寫字向右下斜的一筆：乀。
一丿一 乀 - ID`PIED`ID`NAG^。
2、緊縮、束縛。
捺一條印 - NAG^ ID`TIAUv IANG^ 束緊成一條深痕。
用樹奶捺緊 - YUNG^ SU^ NEN^ NAG^ HENv 以橡皮束緊。

113

3、按指模：

捺印 - NAG^ IN^ 按指模作證。

躡 - NANG^：踩踏。又讀 LIEN^。

躡死 - NANG^ CI` 踩死。

分牛腳躡到 - BUN NGYUv GIOG` NANG^ DO` 被牛腳踩到。

腳躡到屎 - GIOG` NANG^ DO` S` 腳踩到屎。

孬 - NAU：不被疼愛、不愛人。「惜 CIAG`」的反面。又音 FAI`。

孬惜 - NAU CIAG` 不得人疼愛或得人疼愛。

孬人 - NAU NGINv 不愛惜人。

得人孬 - DED` NGINv NAU 得不到人的惜愛。

惱 - NAU：同「孬」NAU。不被人愛，不愛人。「惜 CIAG`」的反面。
　　　　又音 NO`。

惱惜 - NAU CIAG` 不得人疼愛或得人疼愛。

惱人 - NAU NGINv 不愛惜人。

得人惱 - DED` NGINv NAU 得不到人的惜愛。

姣 - NAU^：柔美、漂亮。讀音 GAU。

盡姣 - CHIN^ NAU^ 很美。

蓋姣個細妹也 - GOI^ NAU^ GE^ SE^ MOI^ IE` 很美的女子。

妮 － NE^：美貌。又音 NAIv，NIv。

靚妮妮 - JIANG NE^ NE^ 美麗貌。

膩 NE^ ：厭煩。又音 NI^, WI^。

油膩 - YUv NE^ 油脂過多，使人不想吃。

114

膩嘴 - NE^ ZOI^ 吃膩了。

煩膩 - FANv NE^ 厭煩。

膩膩細細 - NE^ NE^ SE^ SE^ 做事不乾脆。

捏 － NED`：用兩手指甲抶。又音 NGIED`。

用手指甲捏人 - YUNG^ SU`Z`GAB`NED`NGINv 。

滿 - NEM：充實、充滿，成熟。讀音 MAN。

水滿 - SUI`NEM。

滿滿 - NEM NEM。

滿黃 - NEM UONGv 水果熟黃。

渰 - NEM：充實、充滿，成熟。

水渰 - SUI`NEM 水滿。

渰渰 - NEM NEM 滿滿的。

渰黃 - NEM UONGv 水果熟黃、熟透 。

稔 - NEMv：同稔 NEM`：水果熟透時的外實內軟，充滿水分的感覺，腦殼
受撞淤血時，觸摸腫脹處的觸覺。

稔稔 - NEMv NEMv。

挪 - NEMv：從袋、籃中偷取東西。讀音 NOv。

偷挪 - TEU NEMv 探囊偷拿。

等 - NEN：們、等。讀音 DEN`。又音 DEN。

你等 - Nv NEN = DEN 你們。

我等 - NGAIv NEN = DEN 我等。

115

奶 － NEN^：同「乳」。讀音 NAI。

牛奶 - NGYUv NEN^。

食奶 - SD^ NEN^ 喝奶、吸乳。

吮奶 - CHION NEN^ 吸奶。

奶菇 - NEN^ GU 乳房。

釀 - NEUv：「釀 NUNGv」的變音。讀音 NUNGv。

1、稠、液體濃。

粥蓋釀 - ZUG`GOI^ NEUv 稀飯很稠。

釀釀 - NEUv NEUv 稠稠的 ，不清澈的。

2、事情複雜。

釀膠膠 - NEUv GAv GAv 非常稠密、複雜。

磨 - NOv：「磨 MOv」的變音。摩擦、磨亮、磨利。讀音 MO^。

磨墨 - NOv MED^ 研磨黑墨。

磨金 - NOv GIM 磨亮。

磨尖 - NOv JIAM 摩擦使尖端尖銳。

磨刀也 - NOv DO UE` 把刀子磨利。

磨不利 - NOv Mv LI^ 刀子磨不快。

磨刀恨不利 ，刀利傷人指 - NOv DO HEN^ Mv LI^ , DO LI^ SONG
　　　　　　　　NGINv Z` 喻培育人成功之後 ，反來傷害自己。

攏 - NONG：把木柴架起，使其通風，搧旺火勢。又音 NONGv。

攏高起來 - NONG GO HI` LOIv。

襠 - NONG^：「襠 DONG^」的變音。讀音 DONG^。

褲襠 - FU^ NONG^＝DONG^ 褲底。

116

妄 - NONG^：又音 MONG^ , UONG^。

妄想 - NONG^ CIONG` 不合理、不可能的慾望。

妄費 - NONG^ FI^ 亂用 , 蹧蹋、浪費物資。

妄歇 - NONG^ HED` 蹧蹋、浪費了。

忸 — NUG^：嚇一跳。又音 NEU`, NGYU`。

忸怩 - NUG^ NIv 慚愧不安、難為情的樣子。

打忸 - DA` NUG^ 受驚而跳動、嚇一跳。

忸于恁高 - NUG^ GA^ AN` GO 被嚇跳得這麼高！

疴 - NGAv = NGA^：嬰兒。

嬰疴也 - ONG = O NGAv = NGA^ E`。

磕 - NGAB^：用前額磕地、磕頭、用頭去碰。又音 KAB`, KOG^。

磕死 - NGAB^ CI`。

磕頭 - NGAB^ TEUv 磕頭。

磕到桌角 - NGAB^ DO` ZOG` GOG` 頭碰觸到桌角。

我 - NGAIv：人自稱，吾。讀音 NGO。

我等 - NGAIv DEN` = DEN = NEN 我們。

我曹 - NGAIv TSOv 我們。

我輩 - NGAIv BI^ 我們。

我係 - NGAIv HE^ 我是。

我知 - NGAIv DI 我知道。

我個 - NGAIv GE^ 我的。

我有 - NGAIv YU。

分我 - BUN NGAIv 給我、被我… 。

我自家 - NGAIv TS^ GA 我自己。

我屋家 - NGAIv UG` GA 我家裏。

117

莫看我 - MOG^ KON^ NGAIv 別看我。

我怎會不知 - NGAIv NGIONG`UOI^ Mv DI！

挼 - NGAI^：吝嗇、該用錢的時候捨不得用。

挼齵 - NGAI^ SAI^。

耐 - NGAI^：「忍耐」。讀音 NAI^。

耐不歇 - NGAI^ Mv HED^ 耐不住。

再耐一下添 - ZAI^ NGAI^ ID`HA^ TIAM 再多忍耐一下子。

耐齵 - NGAI^ SAI^ 吝嗇。

頷 - NGAM：又音 NGAM`。

下頷 - HA NGAM 下顎：頦上頸下部分。

頷首 - NGAM SU` 微微點頭應允。

頷到桌角 - NGAM DO`ZOG`GOG` 下顎碰到桌角。

頷頷愕愕 - NGAM NGAM NGOG`NGOG` 糊里糊塗或運途坎坷。

頷 - NGAM`：向前傾倒、傾斜、點頭敬禮。又音 NGAMv。

頷頭 - NGAM`TEUv 鞠躬敬禮、點頭。

頷下來了 - NGAM`HA LOIv IEv 某物前傾歪斜了。

又音 NGAMv。

肴 - NGAUv：魚、肉等已經烹煮的葷菜食物。亦音 HAUv。

佳肴 - GA NGAUv 美好的菜。

肴饌 - NGAUv TSON^ 酒食菜餚。

餚 - NGAUv：同「肴」，魚肉等食物。亦音 HAUv。

佳餚 - GA NGAUv 好菜。

你 - NGIv：稱談話或寫信的對方 ： 爾、汝。又音 Nv , NI。

日 - NGI`：白晝，有日光照耀的白天。讀音 NGID`。
日時頭 - NGI`S`TEUv 由「日時頭 NGID`Sv TEUv」變音而來。

若 - NGIA：你的、妳的。讀音 IOG^。
你若 - Nv NGIA 你的。
若書 - NGIA SU 你的書。
若鞋 - NGIA HAIv 你的鞋。
若老弟 - NGIA LO`TAI 你的弟弟。

娘 - NGIA：〔河洛音〕娘 NIAv 的變音。媽。讀音 NGIONGv。
阿娘 - A NGIA 媽媽。

舉 -NGIAv：〔河洛音〕舉起。讀音 GI`，又音 KIAv。
舉手 - NGIAv SU`。
舉不高 - NGIAv Mv GO。
手舉起來 - SU`NGIAv HI`LOIv。

迎 - NGIA`：迎戰、遇到麻煩事、難應付。讀音 NGIANGv。
迎到矣 - NGIA`DO`UEv 遇上了。
迎不橫 - NGIA`Mv UANG^ 應付不了。

惹 - NGIA`：同「迎 NGIA`」。引 起 ：
惹事 - NGIA`S^ 引起事端。
惹禍 - NGIA`FO^ 引起禍端。
惹厭 - NGIA`IAM^ 討人厭。

119

惹是非 - NGIA` S^ FI。

莫去惹伊 - MOG^ HI^ NGIA` Iv 別去惹他。

翹 - NGIA^：嘴唇向上翹。又音 NGIEU^, HIEU^, HIA, KIAU, KIEU^。

嘴翹翹 - ZOI^ NGIA^ NGIA^。

鬚翹翹 - CI NGIA^ NGIA^ 鬍鬚向上翹。

眨 - NGIAB`：閃爍，眨眼。讀音 ZAB`。

眨目 - NGIAB` MUG` 眨眼。

眨爧 - NGIAB` LANG^ 閃電。

電火緊眨 - TIEN^ FO` GIN` NGIAB` 電燈一直在閃著。

掖 - NGIAB`：兩邊肉向內挾。又音 IAB`, ID^, IE^。

掖一枝筆 - NGIAB` ID` GI BID`。

掖不歌 - NGIAB` Mv HED^ 挾不住。

不會掖矣 - Mv UOI^ NGIAB` BEv 不會=能挾了。

掖褲腳 - NGIAB` FU^ GIOG` 倒捲褲管。

掖衫袖 - NGIAB` SAM CHIU^ 捲起袖子。

偷掖 - TEU NGIAB` 偷取暗藏，偷偷夾帶。

避避掖掖 - BIANG^ BIANG^ NGIAB` NGIAB` 躲躲藏藏。

攝 - NGIAB`：1、一合一開的。又音 HIB`, SAB`。

攝目 - NGIAB` MUG` 眼睛忽合忽開。

攝影 - NGIAB` IANG` 照相：照門開合，攝取影像。

一攝目 - ID` NGIAB` MUG` 時間像一眨眼時間短暫。

目攝滴咄 - MUG` NGIAB` DID^ DOG^ 形容不停眨眼的人。

(亦讀「SAB`」：攝氏 - SAB` S^ 以零度為冰點，一百度為沸點記錄溫度刻度的創製人瑞典人 Celsius。)

閻 - NGIAMv ：俗稱掌管地獄、生死的鬼王。又音 IAMv。

閻王 - NGIAMv UONGv。

閻羅王 - NGIAMv LOv UONGv。

癮 - NGIAN^：因嗜好成了習慣的癮性。讀音 IN`。

煙癮 - IAN NGIAN^ 抽菸的癮性。

酒癮 - JIU` NGIAN^ 喝酒的癮性。

癮頭 - NGIAN^ TOUv 癮性。

癮煙 - NGIAN^ IAN 想抽煙的癮性。

癮乳 - NGIAN^ NEN^ 想吃奶的癮性。

過癮 - GO^ NGIAN^ 滿足某癮性的愛好。

冇過癮 - MOv GO^ NGIAN^ 對嗜好癮性不滿足。

才 - NGIANG^：才會、才能、才好、再。讀音 TSOIv，亦音 ZANG^。

想好才去 - CIONG` HO` NGIANG^ HI^。

食飽才來 - SD^ BAU` NGIANG^ LOIv 吃過飯再來。

愛食飯才會大 - OI^ SD^ FAN^ NGIANG^ UOI^ TAI^ 要吃飯才會長大。

莫吵伊才好 - MOG^ TSAUv Iv NGIANG^ HO` 別吵他才好。

硬 - NGIANG^：「硬 NGANG^」的變音。偏偏，硬要。讀音 NGANG^。

硬不聽 - NGIANG^ Mv TANG 偏不聽。

硬硬愛 - NGIANG^ GIANG^ OI^ 偏偏要。

剛 - NGIANG^ = ZANG^：剛剛、剛才。讀音 GONG。

剛去一下咧 - NGIANG^ = ZANG^ HI^ ID` HA^ LE 才去一會兒。

這下剛來 - IA` HA^ NGIANG^ = ZANG^ LOIv 這時剛來。

剛坐下來 - NGIANG^ = ZANG^ TSO HA LOIv。

121

喵 - NGIAUv ：貓叫聲。又音 MIAU^，MIU^。

像貓喵一樣 - CHIONG^ MEU^ NGIAUv ID`IONG^ 比喻像貓叫一樣，說話小聲。

喵麼個 - NGIAOv MA`GE^ 在低聲嘀咕什麼？

軋嗠 - NGID^ NGUAD^：軋又音 AB`，GAv，ZAB`。

軋軋嗠嗠 - NGID^ NGID^ NGUAD^ NGUAD^ 車輪、機器缺油的摩擦聲、開門、關門時，門軸的響聲，左門曰軋，右門曰嗠 — NGUAD^ 或磨牙聲。

奄 - NGIEM^：病弱、氣息微弱。又音 IAM，IAM`。

奄奄 - NGIEM^ NGIEM^ 病弱、氣息將盡的樣子。

奄弱 - NGIEM^ NGIOG^ 病弱。

苒 - NGIEM^：軟弱、紛垂之貌。

苒苒 - NGIEM^ NGIEM^ 病弱、衰弱貌。

苒弱 - NGIEM^ NGIOG^ 病弱貌。

翹 - NGIEU^：向上翻起、突起、不平、不正。又音 KIAU，KIEU^，HIEU，HIEU^，NGIA^。

翹嘴 - NGIEU^ ZOI^ 嘴唇上翹。

翹起來 - NGIEU^ HI`LOIv。

齦 - NGIN = NGIAN：牙根的肉。又音 NGIAN。

牙齦肉 - NGAv NGIN = NGIAN NGYUG` 牙齦。

齗齗 - NGIN NGIN 露着齒根貌。爭辯貌。

122

侫 - NGIN^：不寒而慄。

打盡侫 - DA`CHIN^ NGIN^ 吃膩時、畏寒時的抖顫，或聽到諂媚的話
　　　　不寒而慄。

揉 - NGIO：用手壓搓。讀音 YUv。

揉人 - NGIO NGINv 小孩搓揉父母。

揉鹹菜 - NGIO HAMv TSOI^ 加鹽搓揉酸菜。

揉紙團 - NGIO Z`TONv 將紙張揉成紙團。

揉歇矣 - NGIO HED`LEv 揉掉了，病死了。

怎 - NGIONG`：如何？為何？怎麼？怎樣？讀音 ZEN`。

怎會 - NGIONG`UOI^ 怎麼會？

怎焉 - NGIONG`NGE 怎麼？怎樣？

怎不去 - NGIONG`Mv HI^ 怎麼不去？

怎焉做 - NGIONG`NGE ZO^ 怎麼做？

怎般寫 - NGIONG`BAN CIA` 怎麼寫？

怎冇來 - NGIONG`MOv LOIv 怎麼沒來？

怎不食 - NGIONG`Mv SD^ 怎麼不吃？

怎未做 - NGIONG`MANGv ZO^ 怎麼還沒有做？

怎會恁呢 - NGIONG`UOI^ AN`NE 怎麼會如此？

怎得格殺 - NGIONG`DED`GAG`= GAD`SAD` 如何是好!古時野獸破
　　　　壞農作物或巨蟒猛獸進入民宅，農民沒有遠距離的槍彈，
如何格殺？無可奈何時，常出此無奈語句。

昂 - NGO^：頭向上仰。讀音 NGONG。

頭昂昂 - TEUv NGO^ NGO^ 仰著頭。

昂起來 - NGO^ HI`LOIv 頭仰起來。

熬 - NGOG^：又音 NGAUv。

熬夜 - NGOG^ IA^ 整夜未睡。

呆 - NGOIv：傻獃、楞住。又音 DAI , DEv。

呆呆 - NGOIv NGOIv 傻傻呆呆的。

獃 - NGOIv：愚笨、不靈活。通「呆」。

獃獃 - NGOIv NGOIv 傻傻呆呆的。

顎 - NGONG：植有牙齒的上下顎骨、牙床。又音 NGOG`。

上顎 - SONG^ NGONG 上顎骨、上牙床。

下顎 - HA NGONG 下顎骨、下牙床。

褣 - NGYUNG^：繩線鬆弛、不緊、鬆的。讀音 NUNGv。

褣褣 - NGYUNG^ NGYUNG^ 鬆軟的，不緊。

放褣 - BIONG^ NGYUNG^ 放鬆。

恁褣線 - AN` NGYUNG^ CIEN^ 這麼輕鬆！

嗚 - O：〔河洛音〕讀音 U。

嗚呼！壞咧！ - O HOv！FAI^ LE！哎呀！糟了！

嬰 - O = ONG：嬰兒。又音 ONG , IN。

嬰孲也 - O = ONG NGAv E`, O = ONG NGA^ E`。

哄 - Ov：哄嬰兒睡。又音 FUNG , FUNG^。

哄睡矣 - Ov SOI^ IEv 哄睡了。

嘔 - O^：反胃、吐的聲音。讀音 EU`。

124

嘔嘔滾 - O^ O^ GUN` 嘔吐聲。

喂 - OI`：叫人注意聲。又音 E`, UE , UE`, WI^。
喂！有聽到冇？ - OI`! YU TANG DO` MOv 喂！聽到沒有？

央 - ONG：〔河洛變音〕中央。讀音 IONG。
中央 - DUNG ONG 中心部分。
蒂中央 - DI^ DUNG ONG 中心、重心部分。

嬰 - ONG = O：嬰兒。又音 O。
嬰孩也 - ONG = O NGAv E`, ONG = O NGA^ E`。

盎 - ONG`：身體壓在硬物上。
盎到腰骨 - ONG` DO` IEU GUD` 腰壓到硬物。
分石頭盎到 - BUN SAG^ TEUv ONG` DO` 身體壓在石頭上。

扒 - PA：用筷子括飯。又音 PAv。
扒飯 - PA FAN^ 飯碗就口，用筷子括飯入口。
不會扒矣 - Mv UOI^ PA Ev 不會吃飯了。

划 - PAv：搖船。福佬音的變音。又音 UAG^ , WID`, FAD^。
划龍船 - PAv LYUNGv SONv。
划划走 - PAv PAv ZEU` 常往外跑。
又音 UAG^ , WID`, FAD^。

椏 - PA`：椏 A 的變音。同「派 PA`」。又音 A , UA。
1、樹枝。
樹椏 - SU^ PA` 樹枝。

125

2、支派。

一椏 -ID`PA` 一個支派、一根樹枝、一串水果、家族的一房。

派 -PA`：同「椏 PA`」。讀音 PAI^。

1、樹枝。

樹派 -SU^ PA` 樹枝。

2、支派。

一派 -ID`PA` 一個支派、一根樹枝、一串水果、家族的一房。

刈 -PAD`：用長草鐮，不必抓著草割草。又音 GOD`, NGI^。

刈草 -PAD`TSO` 割草。

刈杈也 -PAD`TSA^ E` 砍伐草木作為柴火。

打刈賴 -DA`PAD`LAI^ 耍賴、耍性子。

搧 -PAD`：搧扇。又音 SAN。

搧扇也 -PAD`SAN^ NE` 搧扇子。

搧涼 -PAD`LIONGv。

搧風 -PAD`FUNG。

撥 -PAD`：搧扇。

撥扇也 -PAD`SAN^ NE` 搧扇子。

撥涼 -PAD`LIONGv 搧涼。

撥風 -PAD`FUNG 搧風。

拂 -PAD^：拂拭灰塵、撣。又音 FID^, FUD^。

凳也拂淨來 -DEN^ NE`PAD^ CHIANG^ LOIv 凳子撣拂乾淨。

拂塵灰 -PAD^ TSNv FOI 拂去灰塵。

拂蚊也 -PAD^ MUN NE` 揮趕蚊子。

126

潑 - PAD^：大量冒出。又音 PAD`。

潑汗 - PAD^ HON^ 大量冒汗、冒冷汗。

潑血 - PAD^ HIAD` 大量濺血、射血。

脖 - PAD^：頸項，肚臍。又音 PUD^。

脖鍊 - PAD^ LIEN^ 項鍊。

脖胦 - PAD^ IONG 肚臍。

啪 - PAG^：狀聲字，爆炸聲。又音 BIAG^。

辟啪 - PID` PAG^ 爆裂響聲。

拷啪(靶)也 - KAU` PAG^ GE` 打靶、打靶聲。

砒 - PAI：同「砒 PI」。

砒霜 - PAI SONG 有毒粉末，砷，符號 As 。

伴 - PAN：作陪。讀音 BAN^。亦音 PAN^。

作伴 - ZO^ = ZOG` PAN。

陪伴 - PIv PAN。

冇伴 - MOv PAN 沒有伴侶。

伴侶 - PAN LI` 作伴的人。

伴娘 - PAN NGIONGv 陪伴新娘的女子。

伴郎 - PAN LONGv 陪伴新郎的男子。

老伴 - LO` PAN 老的伴侶。

胖 - PANv：身體自然康泰，安舒。又音 PANG^ , PONG^。

心廣體胖 - CIM GONG` TI` PANv 心胸寬闊 ， 身體自然康泰。

127

攀 - PANv：攀登，同「攀 PAN」。又音 BAG`, PAN。

攀籬吊壁 - PANv LIv DIAU^ BIAG` 到處攀登。

攀躘 - PANv KIAv 像蜘蛛一般，到處攀登。

伴 - PAN^：作陪、伴隨。讀音 BAN^。亦音 PAN。

作伴 - ZO^ = ZOG` PAN^。

冇伴 - MOv PAN^ 沒有伴侶。

伴侶 - PAN^ LI` 作伴的人。

伴娘 - PAN^ NGIONGv。

伴郎 - PAN^ LONGv。

陪伴 - PIv PAN^。

伴唱 - PAN^ TSONG^ 陪伴唱歌。

伴奏 - PAN^ ZEU^ 以樂器伴隨其他樂器或人聲彈奏。

嗙 - PANG ：1、吹氣、打氣。又音 BONG^。

嗙風 - PANG FUNG 打氣、吹氣、吹。

2、生氣。

嗙頦 - PANG GOI 鼓大脖子吹氣球、生氣。

嗙頦蛇 - PANG GOI SAv 眼鏡蛇。

氛 - PANG = PUNG：氣味很濃。讀音 FUN。又音 FUN^ , PUNG。

氛臭 - PANG = PUNG TSU^ 非常臭的氣味 ，惡臭。

浮 - PANG`。讀音 FEUv，又音 PEUv。

浮也 PANG`NGE` 浮標。

浮跳 PANG`TIAUv 生氣而暴跳。

秕 - PANG^：無實的穀粒。讀音 BI`。

128

秕穀 - PANG^ GUG` 不充實、沒有米粒的穀。

秕秕 - PANG^ PANG^ 不充實、不結實。

秕卵 - PANG^ LON` 沒有生命的蛋。

秕銃 - PANG^ TSUNG^ 彈殼中裝火藥，以臘封塞，沒有彈頭，只聽到
　　　爆聲的槍彈。

秕頭 - PANG^ TEUv 花花公子。只崇尚時髦，只重外表，不學無術的
　　　人。自以為了不起的作風。

胖 - PANG^：內裡不充實（只有一半的肉）。同「秕 PANG^」。又音 PANv，
　　　PONG^。

胖胖 - PANG^ PANG^ 內裡鬆鬆的、不結實。

胖穀 - PANG^ GUG 不充實、沒有米粒的穀。

胖卵 - PANG^ LON` 沒有生命的蛋。

胖銃 - PANG^ TSUNG^ 彈殼中裝火藥，以臘封塞，沒有彈頭的槍彈。

胖頭 - PANG^ TEUv 花花公子。只崇尚時髦，只重外表，不學無術的
　　　人。自以為了不起的作風。

白 - PED^。讀音 PAG^。

明白 - MINv PED^ 了解，知曉。

白露 - PED^ LU^ 二十四節候之一，在每年的陽曆九月七或八日。

票 - PEU：證券、憑據，同「票 PEU^」。

買票 - MAI PEU。

車票 - TSA PEU。

漂 - PEU。又音 PEUv，PEU`，PIU^。

1、浮在水面。

漂流 - PEU LIUv。

漂浮 - PEU FEUv。

漂洋過海 - PEU IONGv GO^ HOI` 跨海出國。

2、流動。

漂泊 - PEU POG` 行止無定。

漂淪 - PEU LUNv 飄零淪落。

漂絮 - PEU CI^ 飄零無定如花絮。

浮 - PEUv：同「浮 FEUv」。讀音 FEUv。

1、漂在水面、與「沉」相反。

漂浮 - PEU PEUv。

浮沉 - PEUv TSMv 浮起或沉沒。

浮力 - FEUv LID^ 物體在液體中或氣體中向上的作用力。

浮浮 - PEUv PEUv 向上浮輕飄飄的樣子。

浮雲 - PEUv YUNv 漂浮在天上的雲。

浮舟 - PEUv ZU 浮在水上的小船。

浮屍 - PEUv S 浮起的屍體。

浮起來 - PEUv HI` LOIv。

浮圓粄也 - PEUv IANv BAN` NE` 煮浮湯圓。

2、油炸食物。

浮油 - PEUv YUv 油炸。

浮魚也 - PEUv NGv NGE` 油炸魚。

浮肉丸 - PEUv NGYUG` IANv 油炸肉丸。

泡 － PEU^：同「泡 PAU^」。又音 PAU^, PO。

起泡 - HI` PEU^ 皮膚表面因磨擦而起或長出的水泡。

出水泡 - TSUD` SUI` PEU^ 小孩子全身出水珠、水泡。

皰 - PEU^：皮膚或臉部突起的泡泡。又音 PAU^, PUG^。

水皰 - SUI` PEU^。

面皰 - MIEN^ PEU^。

疱 - PEU^：膿水鼓起成泡。又音 PAU^。

起疱 - HI` PEU^ 起腫疱。

片 - PI`：（河洛音）小薄片。讀音 PIEN`。

薄片 - POG^ PI`。

田螺片 - TIENv LOv PI` 田螺縮入殼內所封蓋的薄片。

燥片矣 - ZAU PI` IEv 傷口癒合，血凝固乾燥後成為薄片了。

嗅 - PI^：嗅覺，用鼻辨別氣味。讀音 CIU^。

嗅(齅)香 - PI^ HIONG 嗅聞香味。

嗅臊 - PI^ SO 嗅聞臊味。

冇嗅到臭 - MOv PI^ DO` TSU^ 沒嗅到臭味。

嗅看哪 - PI^ KON^ NA^ 試嗅氣味。

涕 - PI^：「涕 TI^」的變音。鼻液、鼻涕。又音 TI^。

流涕 - LIUv PI^ 流出鼻液。

搇涕 - SEN^ PI^ 搇鼻涕。

劈 - PIAG`：刀切，雷劈，開腿。又音 PID`, PIN^。

1、用大刀或斧頭大力破開。

劈死 - PIAG` CI`。

劈開 - PIAG` KOI 以大刀切破。

劈斷 - PIAG` TON 以大刀砍斷。

劈樹椏 - PIAG` SU^ PA` 刀劈樹枝。

2、牛用雙角攻擊。

131

分牛劈到 - BUN NGYUv PIAG`DO` 被牛角觸傷。

3、雷擊，雷劈。

雷公劈死人 - LUIv GUNG PIAG`CI` NGINv。

4、劈面 - PIAG`MIEN^ 當面。

劈頭 - PIAG`TEUv 開頭；當頭。

5、劈腿 - PIAD`TUI` 男人開女人的雙腿性交。

癖 - PIAG`：對某種事物的特別偏好、使人難受的、特別不正常的脾
　　　　　氣。讀音 PID`。

酒癖 - JIU`PIAG`。

怪癖 - GUAI^ PIAG`。

潔癖 - GIAD`PIAG` 過於愛清潔的怪癖。

便 - PIENv：讀音 PIEN^。

便宜 - PIENv NGIv 或 PIENv NGINv「便人」價錢低廉。

劈 - PIN^：「劈 PIAG`」的變音。快刀切斷。又音 PID`。

劈蔗尾 - PIN^ ZA^ MI 快刀砍切甘蔗的尾葉。

劈樹椏 - PIN^ SU^ PA` 砍掉小樹枝。

賃 - PIOG^：租賃。讀音 IM^。

賃屋歇 - PIOG^ UG`HED^ 租房子住。

賃田耕 - PIOG^ TIENv GANG 租田地種植。

紡 - PIONG`：紡線、抽紗成線。讀音 FONG`。

紡線 - PIONG`CIEN^ 抽紗紡成線。

紡織 - PIONG`ZD` 織布。

132

偏 - PIU^：「偏 PIEN」的變音。滑偏。讀音 PIEN。

偏走矣 - PIU^ ZEU`UEv 使用工具不慎，滑走了。

泡 - PO：密集的泡沫。又音 PAU^, PEU^。

起泡 - HI`PO。

洴泡 - BUD^ PO 冒出泡沫。

胚 - POI：未完成的器物、尚未成熟者。又音 PI。

胚胎 - POI TOI 1、一個月的身孕。2、種子的嫩芽。3、事情的開始。

豬胚也 - ZU POI IE` 中型的肥豬，尚未長大的豬。

後生胚也 - HEU^ SANG POI IE` 年輕小伙子；是從豬胚也：正在成長

　　　　　　的豬，引申為年輕的青年。

背 - POI^：背誦、暗記。又音 BOI^, BI^, BAv。

背書 - POI^ SU 全篇熟記後，背誦。

反 - PON：反胃、嘔吐。同「翻 PON」。讀音 FAN`，又音 BIEN`。

反飯 - PON FAN^ 吐出飯食。

反血 - PON HIAD` 吐血。

反出來 - PON TSUD`LOIv 嘔吐出來。

反雞腸也 - PON GIE TSONGv NGE` 翻雞腸子由內向外。

翻 - PON：同「反 PON」。

1、反胃、嘔吐。

翻飯 - PON FAN^ 吐出飯食。

翻血 - PON HIAD` 吐血。

翻于一天一地 - PON NA^ ID`TIEN ID`TI^ 吐得滿地都是。

2、將動物的腸子或腸形的布條由內向外翻過來。

翻腸也 - PON TSONGv NGE` 翻腸子。

豐 - PONG：豐富。讀音 FUNG。
豐沛 - PONG PAI^ 菜餚豐盛，同 "澎湃"。

放 - PONG^：放大。又音 BIONG^, FONG^, HON, KONG^。
放大 - PONG^ TAI^ 放大。
放鏡 - PONG^ GIANG^ 放大鏡、望遠鏡。
放于恁大個像也 - PONG^ NGA^ AN` TAI^ GE^ CIONG^ NGE` 放這麼大的相
片！

瀑 - PU：滿溢出來、滿過盛器流瀉出來。又音 PUD^。
瀑出來 - PU TSUD` LOIv 滿溢出來。
瀑布 - PU BU^ 從高處溢流下來，像一匹布從河口滿溢（瀑）出來。
        就像 "匹練" 一詞：一匹白絹，形容瀑布：水由高處，如垂布而
下 。
飯滾矣，瀑出來矣! - FAN^ GUN` NEv , PU TSUD` LOIv IEv 飯煮開了，
                滿溢出來了！

瓠 - PUv：同「瓢 PUv」，同「瓠 PUv」。又音 PEUv。
瓠也 - PUv UE` 葫蘆瓜。
瓠勺 - PUv SOG^ 舀水用的瓠瓢。
黃瓠 - UONGv PUv 南瓜，番瓜，金瓜的別稱。
瓢也 - PUv UE` 葫蘆瓜。
瓢勺 - PUv SOG^ 舀水用的瓠瓢。
黃瓢 - UONGv PUv 南瓜，番瓜，金瓜的別稱。

扶 - PUv：扶持、攙扶。讀音 FUv。

扶穩 - PUv UN` 扶著，扶好。

扶起來 - PUv HI` LOIv 把倒下的人、動物或植物扶起來。

符 - PUv：讀音 FUv。

符誥 - PUv GAU^ 符咒。

鍑 - PUv：讀音 FUG^。

鍑鑼 - PUv LOv 舊時煮飯的飯鍋。

蟾鍑鑼 - SAMv PUv LOv 蟾蜍。

脯 - PU`：又音 FU，FU`，PUv。

魚脯也 - NGv PU` UE` 小魚乾。

瞽 - PU`：「瞽 GU`」的變音。

1、眼瞎。

目瞽 - MUG` PU` = GU`。

2、瞽瞽焉 - PU` PU` UE 約略知悉。對某人、某物或某事，如眼瞎的

人，似見未見地，似懂非懂地，約略地知道。

孵 - PU^：又音 FU。卵生動物用身體覆蓋卵，以體溫使卵內胚胎發育出生。

孵卵 - PU^ LON`。

覆 - PUG`：又音 FUG^。

1、盛器倒翻。

覆轉來 - PUG` ZON` LOIv 把盛器倒翻過來。

盒盒覆 - AM` AM` PUG` 身體、面向下仆倒。

2、商店虧本關門。

覆歇矣 - PUG` HED` LEv 倒閉了、盛器翻覆過來了。

135

仆 - PUG`：向前跌倒仆地。又音 PUG^。

仆倒 - PUG`DO` 面向下倒下。

前仆後繼 - CHIENv PUG`HEU^ GI^ 前者倒地，後者繼之。

盒盒仆 - AM`AM`PUG` 身體、面向下仆倒。

皰 - PUG^：皮面小泡。又音 PAU^ , PEU^ , PUG^。

皰也 - PUG^ GE` 小皰皰。

氛 - PUNG：凶氣，惡臭。另音 FUN , FUN^ , PANG。

氛臭 - PUNG TSU^ 很臭、惡臭。

縫 - PUNG^：又音 FUNGv , LIONv。

1、結合的地方。

接縫 - JIAB`PUNG^。

冇縫 - MOv PUNG^ 沒有接縫。

2、破裂但尚未裂開的細長裂痕。

隙縫 - BID`PUNG^ 裂痕。

蓬 - PUNG^：

蓬白 - PUNG^ PAG^ 雪白貌，蓬草開白花時，一片白茫茫。

又音 FUNGv。

飼 － S^：餵養。又音 TS^。

飼養 - S^ IONG。

飼料 - S^ LIAU^。

屎 ＝ S^：讀音 S`。

屎窟 - S^ FUD` 排屎的窟窿 a、排屎的洞穴，肛門。b、屁股、臀部。

屎窟空 - S^ FUD`KANG 排屎的窟窿，排屎的洞穴，肛門。

屎窟壢 - S^ FUD`LAG` 屁股溝。

屎背尾 - S^ BOI^ MI 背後，在後。

屎窟臀 - S^ FUD`TUNv 臀部。

長屎窟 - TSONGv S^ FUD` 形容坐久長談。

杉 - SA：杉 SAM 的變音。讀音 SAM，又音 TSAM^。

杉木 - SA MUG`。

續 － SA^：[河洛音]（續 SUA`）的變音。讀音 CYUG^。

1、接續：

續下去 - SA^ HA HI^。

續于下 - SA^ A^ HA 接著。

續落去 - SA^ LOG^ HI^ 連續下去。

2、順便：

續手 - SA^ SU` 順手。

順續 - SUN^ SA^ 順手繼續。

3、相反地，卻，反而。

喊伊來，伊續走歇矣! - HEM lv LOlv , lv SA^ ZEU` HED` LEv！叫他來，
他反而走掉了！

食 － SA^：「吃食」的粗俗說法。讀音 SD^，又音 SAI。

食飯 - SA^ FAN^。

食一餐 - SA^ ID`TSON 吃一餐。

食飽矣 - SA^ BAU` UEv。

眨 － SAB`：合眼。又音 JIAB^ , NGIAB` , ZAB`。

137

眨目 - SAB` MUG` 眨眼、合眼。

目眨眨到 - MUG` SAB` SAB` DO` 眼睛閉著。

目不眨 - MUG` Mv SAB` 眼睛不閉，死不瞑目。

拾 － SAB`：〔廣東音〕、「拾 SB^」的變音。讀音 SB^。

收拾 - SU SAB`　a. 撿拾東西。b. 好好的東西被搞壞了。

收拾歇矣 - SU SAB` HED` LEv 被搞壞了，不能用了。

拾碎 - SAB` SOI^ = SUI^ 粉碎。

拾酥 - SAB` SU 很酥碎的口感。

汆 － SAB^：同「煠 SAB^」：把生的食物投入沸水中燙熟或燙半熟的煮法。又音 LUG^，SAUv，TSON，TUN`。

汆菜 - SAB^ TSOI^ 燙菜。

汆熟 - SAB^ SUG^ 以水燙熟。

汆雞鴨 - SAB^ GIE AB` 燙熟雞肉鴨肉。

汆豬肉 - SAB^ ZU NGYUG` 燙熟豬肉。

汆番薯 - SAB^ FAN SUv 煮燙地瓜。

汆包黍 - SAB^ BAU CYUG` 煮燙玉蜀黍。

汆粽也 - SAB^ ZUNG^ NGE` 煮燙粽子。

汆烏豆也 - SAB^ U TEU^ UE` 水煮黑豆。

而將煮熟的食物或冷的器具以煮開的滾水再煮燙，則發音「汆 LUG^」。

煠 - SAB^：同「汆 SAB^」把生的食物投入沸水中燙熟或燙半熟的煮法。

煠菜 - SAB^ TSOI^。

煠熟 - SAB^ SUG^ 以開水燙熟。

煠雞鴨 - SAB^ GIE AB` 燙熟雞肉鴨肉。

煠番薯 - SAB^ FAN SUv 煮燙地瓜。

煠豬肉 - SAB^ ZU NGYUG` 燙熟豬肉。

爕粽也 - SAB^ ZUNG^ NGE` 煮燙粽子。

爕烏豆也 - SAB^ U TEU^ UE` 水煮黑豆。

塞 — SAD`：塞 SED` 的變音。遮滿，蓋滿，封閉。又音 SED`, SAI^。

蒙塞 - MANG SAD` 蓋滿，遮滿。

弇塞 - GIEMv SAD` 蓋緊，使不透氣。

煞 — SAD`：又音 SOD^。

1、閉塞。

弇煞 - GIEMv SAD` 蓋滿、蓋緊使不漏氣。

蒙煞 - MANG SAD` 遮滿、蓋滿使不漏光。

釘煞 - DANG SAD` 釘緊使之閉塞。

煞尾 - SAD` = SOD^ MI 結束，終點。

2、很、極。

煞猛 - SAD`MANG 做事很賣力，很努力工作。

煞費苦心 - SAD`FI^ KU`CIM 花費很多心思。

3、煞車 - SAD`TSA 停車。

蝕 — SAD^：減少。讀音 SD^。

消蝕 - SEU SAD^ 消減。

蝕本 - SAD^ BUN` 虧本。

蝕水 - SAD^ SUI` 退水。

蝕歇五公斤 - SAD^ HED`NG`GUNG GIN 減少了五公斤。

水蝕歇矣 - SUI`SAD^ HED`LEv 水消退了。

閃 — SAG`：「閃 SAM`」的變音。讀音 SAM`。

閃到腰 - SAG`DO`IEU 閃了腰。

閃到水 - SAG`DO`SUI` 潛水時，水進了肺部。

縮 - SAG`:「縮 SUG`」的變音。又音 SUG`, GYU。

縮粄漬 - SAG`BAN`TSE^ 把磨好的米漿盛入布袋，放在草灰中使吸乾水份。

嗍 - SAG`: 吸乾。又音 SOD^，SOG`。

嗍燥 - SAG`ZAU 吸乾。

嗍粄漬 - SAG`BAN`TSE^ 把磨好的米漿盛入布袋，放在草灰中使吸乾水份。

析 - SAG`: 分離、分解。讀音 CID`。

柴析 - TSEUv SAG` 劈開的木柴。

竹析 - ZUG`SAG` 破開的竹片。

魚析 - NGv SAG` 乾魚塊、分離的魚塊。

擘開兩析 - BAG`KOI LIONG`SAG` 分為兩半。

磋 - SAG`: 小碎塊。讀音 TSAv。

隙磋 - BID`SAG` 裂開、裂為兩半。

兩磋 - LIONG`SAG` 兩片，裂開兩半。

三磋 - SAM SAG` 裂開三片。

瓦磋也 - NGA`SAG`GE` 碎瓦片。

食 - SAI:「食 SD^」的變音。「吃食」的不雅語。讀音 SD^。

好食 - HAU^ SAI 罵人「好吃 HAU^ SD^」。

莫食 - MOG^ SAI 別吃了! 不吃算了!

食飽矣 - SAI BAU`UEv 吃飽了。

骰 - SAI`: 骰下注 - ZD`SAI`HA^ZU^ 下骰子投注賭博。又音 TEUv。

140

帥 － SAI^：領導、領兵的主將。又音 IEU，SOI^。

統帥 - TUNG`SAI^。

元帥 － NGIANv SAI^。

率 － SAI^：讀 SOI^，又音 LID^。

1、榜樣：

表率 - BEU`SAI^。

2、做事不經心、輕忽、不嚴謹：

草率 - TSO`SAI^。

輕率 - KIN SAI^。

3、性情爽直：

坦率 - TAN`SAI^ 坦白直率。

率直 - SAI^ TSD^ 個性坦白直爽。

率性 - SAI^ CIN^ 不做作，凡事任性而為。

率真 - SAI^ ZN 個性坦率真實，不虛假。

4、統領、帶領：

統率 - TUNG`SAI^ 統帥、統一率領。

元帥 － NGIANv SAI^統帥。

嗇 － SAI^：又音 SEB`。

吝嗇 - NGAI^ SAI^ 不願花錢、不肯施捨。

塞 - SAI^：又音 SED`，SAD`。

1、邊境險要：

邊塞 - BIEN SAI^ 邊關要塞。

要塞 - IEU^ SAI^ 邊關。

塞外 - SAI^ NGOI^ 邊界外。

141

2、塞翁失馬 - SAI^ UNG SD`MA 喻禍福時常互轉，現在的禍，或變成將來的福：比喻人因禍得福。

星 - SANG：又音 SEN。
零星 - LANGv SANG 零碎的物件。

腥 – SANG`。讀音 CIANG。
走腥 - ZEU`SANG 雌性動物發春期，釋放的體臭，又稱 ZEU` CIANG`。

成 - SANGv：讀音 SNv。
1、成功、完成。
成矣 - SANGv NGEv a. 事情成功了。 b. 凝結成塊了。
2、十分之一。
一成 - ID`SANGv。
3、生成 - SANG SANGv 生來如此、與生俱來。

盛 – SANG^：〔河洛音〕：讀音 SUN^。
盛勢 - SANG^ SEv 盛氣凌人、很神氣、咄咄逼人的氣勢。

覡 – SANG^：
1、代人求問神鬼的人，女的叫巫，男的稱覡。
2、覡勢 - SANG^ SEv 氣勢凌人，同河洛音的盛勢 - SANG^ SEv。

誚 - SAU：〔河洛音〕譏諷、諷刺。亦音 SE，SE`，SEU。
誚鄙 - SAU PI` 諷刺鄙視。
誚燃(灼) - SAU NAD` 嘲諷。

142

捎 - SAU：切除、鋸斷，順便託帶或寄送。讀音 SEU。

捎短 - SAU DON` 切短。

捎樹尾 - SAU SU^ MI 切短高樹的枝葉。

捎齊來 - SAU TSEv LOIv 把它剪齊。

捎信 - SAU CIN^ 託帶書信。

汆 - SAUv：「汆 SAB^」的變音。在滾水中煮燙。又音 LUG^ , SAB^ ,
　　　　　　　TSON , TUN`。

汆麵 - SAUv MIEN^ 水燙麵條。

蒐 - SAU^：收 集。又音 SEU。

蒐集 - SAU^ CIB^。

蒐輯 - SAU^ CIB^ 蒐集。

蒐羅 - SAU^ LOv 蒐集網羅。

蒐揪 - SAU^ CHIU 將零亂東西收拾好。

誚 - SE：苛刻言詞譏諷。亦音 SAU，SE`，SEU。

誚灼 - SE NAD` 尵誚 KAU SE`。

分人誚矣 - BUN NGINv SE Ev 被人譏諷了。

絲 - SE：生長在水中石上的水草或濕暗處的青苔。讀音 S。

生絲 - SANG SE 長青苔。

魚缸肚裡有絲 - NGv GONG DU`LI YU SE 魚缸裡有青苔水草。

伸 - SEv：伸出。亦音 LEv。讀音 SN。

伸出來 - SEv TSUD`LOIv 軟長物 , 不覺中伸露出來。

伸螺也 - SEv LOv UE` 蝸牛 ： 身體伸出殼外的螺。

勢 - SEv：[河洛音] 權力、勢力。讀音 S^。

盛勢 - SANG^ SEv 逞威勢。

覾勢 - SANG^ SEv 逞勢。

誚 - SE`：譏 諷。又音 SAU，SE，SEU。

尳誚 - KAU SE`：誚灼 - SE NAD`，譏誚。

璽 - SE`：古代皇帝的印。又讀 SAI`。

玉璽 - NGYUG^ SE`。

璽書 - SE`SU 皇帝的詔書。

璽綬 - SE`SU^ 古時印章的泛稱。

璽節 - SE`JIED` 古時印章的泛稱。

歲 - SE^：讀音 SUI^。

1、年齡。

三歲 - SAM SE^。

幾多歲 - GI`DO SE^ 幾歲？

歲數大(多)矣 - SE^ SU^ TAI^ IEv (DO UEv) 年紀大(多)了。

2、出歲 - TSUD`SE^ 出生。

事 - SE^：讀音 S^。

1、工作。

田事 - TIENv SE^ 田裡的工作。

事頭 - SE^ TEUv 工作。

2、作工。

做事 - ZO^ SE^ 做工、做事。

趕事 - GON`SE^ 趕工。

做包事 - ZO^ MAU^ SE^ 包工；做包辦工作、"像趕工似的做"。

事頭事尾 - SE^ TEUv SE^ MI 做工中的瑣碎事務。

圾 - SEB`：塵沙污物廢棄物。又音 SAB`。

圾也 - SEB` BE` 廢棄污物。

地圾 - TI^ SEB` 垃圾。

垃圾 - LEB` SEB` = LA` SAB` 廢棄污物。

糞圾 - BUN^ SEB` 垃圾。

扱 － SEB^：拳打。又音 KIB`，SEM^，TSAB`。

扱人 - SEB^ NGINv 揍人。

扭來扱 - NEU` LOIv SEB^ 抓來打。

沁 － SEM^：又音 CIM^，CHIN^。

烏黯沁 - U DU^ SEM^ 酷寒天氣。

沁沁顫 - SEM^ SEM^ ZUN 凍得發抖。

扱 － SEM^：「扱 SEB^」的變音。拳打。又音 KIB`，SEB^，TSAB`。

分人扱矣 - BUN NGINv SEM^ MEv 挨打了。

嗾 - SEU：又音 TSUG^。

嗾使 - SEU S` 唆使，指使人做不正當的事。

湊 － SEU^：「湊 TSEU^」的變音。聚合、裝配。又音 DEU^。

湊落去 - SEU^ LOG^ HI^ 裝進去。

湊桌腳 - SEU^ ZOG` GIOG` 裝桌腳。

湊不緊 - SEU^ Mv HENv 裝不緊。

湊不入 - SEU^ Mv NGIB^ 裝不進去。

145

娠 - SN：女人懷孕、胎兒在腹中微動。又音 ZN`。

妊娠 - NGIMv SN 懷孕。

有娠矣 - YU SN NEv 有身孕了。

滣 - SNv：水邊。又音 SUNv。

河滣 - HOv SNv 河邊。

海滣 - HOI` SNv 海邊。

滣口 - SNv HEU` 邊沿、近開口處。

挲 - SO：又音 SA，SO^。

1、以手撫摩搓揉：

挲面 - SO MIEN^ 打扮臉、撫摩臉。

挲草 - SO TSO` 雙足跪在稻田中，雙手搓揉田泥除草。

挲平 - SO PIANG 以手抹平。

2、挲鹽 - SO IAMv 在整塊肉魚上抹鹽。

搔 - SO：又音 ZAU`。

搔擾 - SO IEU` 騷擾。混亂不安，擾亂使人不安。

挲 - SO^：同「抄 SO . SO^」。以手掃平或掃淨。又音 SA，SO。

用手挲淨 - YUNG^ SU` SO^ CHIANG^。

嗍 - SOD^：用口吮食。通「吸，吮」。又音 SAG`，SOG`。

嗍食 - SOD^ SD^ 用口吮吸食物。

嗍湯 - SOD^ TONG 吮食羹湯。

吸 - SOD^：吸吮。用口吸空氣、吸液體或吸物體。讀音 KIB`. 語音

　　　　　　BAG^ . SUD^。

146

吸空氣 - SOD^ KUNG HI^。

吸入去 - SOD^ NGIB^ HI^ 吸進去。

吸到蚊也 - SOD^ DO` MUN NE` 吸到蚊子。

吮 - SOD^：同「吸 SOD^，KIB`」。吸吮。讀音 SUN`. 語音 SOD^、

　　　　　 SUD^、CHION . CHION`。

吮空氣 - SOD^ KUNG HI^。

吮入去 - SOD^ NGIB^ HI^ 吸進去。

吮到蚊也 - SOD^ DO` MUN NE` 吸到蚊子。

煞 － SOD^：完畢、結束。另音 SAD`。

煞戲 - SOD^ HI^ 戲演完了。

煞台 - SOD^ TOIv 台上的戲演完了。

煞歇矣 - SOD^ HED` DEv 停止了。

大雨煞矣 - TAI^ I` SOD^ DEv 大雨停了。

束 - SOG`：[河洛音] 束縛。讀音 SUG`。

束腰 - SOG` IEU。

拘束 - KU SOG`。

一束香 - ID` SOG` HIONG。

上 - SONG：由下而上、升高。又音 SONG`, SONG^, HONG^。

上去 - SONG HI^。

上來 - SONG LOIv。

上樓 - SANG LEUv。

上車 - SONG TSA。

上船 - SONG SONv。

上馬 - SONG MA。

147

上床 - SONG TSONGv。

上下 - SONG HA 上去下來 ；來往。

上班 - SONG = SONG^ BAN 就工作崗位。

上不得 - SONG Mv DED` 上不去。

上 - SONG`：裝上。又音 SONG , SONG^ , HONG^。

上樑 - SONG`LIONGv 把屋樑裝上去。

上鞋 - SONG`HAIv 把鞋面與鞋底釘在一起。

上上去 - SONG`SONG HI^ 推上、裝上去。

損 - SONG`：「損 SUN`」的變音。消耗損失。讀音 SUN`。

打損 - DA`SONG` 浪費、損耗。

耗損 - HO SONG` 損失、耗費、浪費。

暑 – SU`：炎熱。亦音 TSU`。

暑假 - SU`GA`。

暑天 - SU`TIEN 熱天。

暑氣 - SU`HI^ 熱氣。

暑熱 - SU`NGIAD^ 炎熱。

暑期 - SU`KIv 夏天。

消暑 - SEU SU` 消除炎熱。

避暑 - PID`SU` 躲避炎熱。

寒暑 - HONv SU`冷熱。

小暑 - SEU`SU` 節候名，在陽曆七月七、八日。

大暑 - TAI^ SU` 節候名，在陽曆七月二十三、四日。

處暑 - TSU^ SU` 節候名，在陽曆八月二十三、四日。

吸 - SUD^：「吸 SOD^」的變音。吸吮。又音 BAG^ , KIB` , SOD^。

吸湯 - SUD^ TONG。

吮 - SUD^：「吮 SOD^」的變音。吸吮。又音 CHION , CHION` , SUN`。
吮入 - SUD^ NGIB^ 吸入。
吮湯 - SOD^ TONG 吸湯。

貼 - TAB` = DAB`：又音 DAB` , DIAB` , TIAB`。
1．補貼。
貼秤頭 - TAB` = DAB`TSN^ TEUv 再加多一點使斤兩足夠的附屬物。
貼錢 - TAB`CHIENv 倒貼錢。
兩頭不貼蓆 - LIONG`TEUv Mv TAB` = DAB`CHIAG^ 駝背的人仰臥時，
　　　　　　　頭尾兩頭都不著蓆子，喻兩邊都不成。
2．眼睛張不開的樣子、閉目。
目貼貼 - MUG`TAB`TAB` = MUG`DAB`DAB`。

紮 - TAG`：用繩線捆綁、纏束、打結。又音 ZAB` , ZAD` , ZAD^。
紮結 - TAG`GIED` 打結。
紮鞋帶也 - TAG`HAIv DAI^ IE` 繫鞋帶。
紮頭顱毛 - TAG`TEUv NAv MO 繫頭髮。
紮緊 - TAG`HENv 綁緊 , 紮緊。
紮索也 - TAG`SOG`GE` 結繩索。
紮頸 - TAG`GIANG` 以繩索套頸自縊。
紮手紮腳 - TAG`SU`TAG`GIOG` 做事受到束縛牽制。

探 - TAI：探 TAM 的變音。藤類的捲鬚攀附他物攀沿 ; 同 "蔓"。
探藤 - TAI TENv 藤莖延生。
瓜藤探上屋矣 - GUA TENv TAI SONG UG`GEv 瓜藤爬上屋頂了。

149

遞 - TAI：同「蔓，探 TAI」藤類蔓延。

遞藤 - TAI TENv 藤類蔓生。

屠 - TAIv ：[河洛音] 殺、革職，屠 TUv 的變音。讀音 TUv。

屠頭 - TAIv TEUv 殺頭、革職。

屠雞屠鴨 - TAIv GIE TAIv AB` 殺雞殺鴨。

剔 - TAI`：刮削。讀音 TID`。

剔皮 - TAI` PIv 削皮。

剔魚片 - TAI` NGv PIEN` 薄切生魚片。

淡 - TAM：不鹹不甜、味道稀薄。又音 TAM^，TIAM。

淡淡 - TAM TAM 味道不濃。

冇鹹冇淡 - MOv HAMv MOv TAM 不鹹不甜，沒味道。

淡忘歌矣 - TAM UONG^ HED` LEv 現在變音為 TIAM BIONG^ HED` LEv
　　　　　　　忘記了。

探 - TAM：遠取。又音 DAM，TAI，TAM`

探手 - TAM SU` 伸手過去。

探身 - TAM SN 伸長或越過身體。

燖 - TAMv： 又音 CHIMv。

1、以火熱之：

燖燒來 - TAMv SEU LOIv 將茶、湯置於爐灶上加熱使溫熱。

2、火燖媒 - FO` TAMv MOIv 燒焦後的剩餘物質。

探 - TAM^：又音 DAM，TAI，TAM，TAM`。

1、在河川、圳溝上架橋。

150

探橋也 - TAM^ KIEUv UE` 架橋。

2、爬高所需架設梯子。

探梯也 - TAM^ TOI IE` 架設靠壁的梯子。

堂 - TANGv：「堂 TONGv」的變音。

堂下 - TANGv HA 大廳。

踏 — TEB^：「踏 TAB^」的變音。堅實。讀音 TAB^。

踏實 - TEB^ SD^ 堅實。

挺 — TEN^：又音 TEN`, TIN`。

1、以力支持，幫忙。

挺手 - TEN^ SU` 幫忙。

挺扛 - TEN^ GONG 幫忙抬動。

挺會也 - TEN^ FI^ IE` 共同以錢組標會。

2、理睬、理會。

莫挺伊 - MOG^ TEN^ Iv 不理他。

挺不直 - TEN^ Mv TSD^ 無法用言語理直。

稱 — TEN^：配稱。又音 TSN , TSN^。

畚箕不稱樑 - BUN^ GI Mv TEN^ TSANG^ 畚箕不配與禮樑匹配、不相
　　　　　　　稱。

稱伊不到 - TEN^ Iv Mv DO` 與他不匹配，不相稱。

透 - TEU`。讀音 TEU^。

透氣 - TEU` HI^ 呼吸，透空氣。

透大氣 - TEU` TAI^ HI^ a、深呼吸。 b、嘆氣 。

毒 －TEU^：「毒 TUG^」的變音。下毒。讀音 TUG^。

毒死 - TEU^ CI` 下毒使之死亡。

毒人 - TEU^ NGINv 下毒使人死亡。

毒老鼠 - TEU^ LO^ TSU` 以毒藥使老鼠死亡。

毒魚也 - TEU^ NGv NGE` 以毒餌毒魚。

讀 －TEU^：讀音 TUG^。

句讀 - GI^ TEU^ 文句語氣未完，而讀時可以停頓的地方；文辭中語
　　　氣已足，稱「句」；未足，稱「讀」。

天 - TIANG：「天 TIEN」的變音。

天光日 - TIANG GON NGID` = TIEN GONG NGID` = TIANG GONG NGID`
　　　明天。

調 - TIAU：又音 DIAU^，TIAUv，TIAU^。

調皮 - TIAU PIv 頑皮、奸猾、難應付。

丟 - TIAU`：又音 DIU，TIU`。

1、丟棄，扔掉。

丟歇 - TIAU` HED` 丟掉，扔掉。

丟歇矣 - TIAU` HED` LEv 扔掉了。

丟落圳 - TIAU` LOG^ ZUN^ 丟入水溝。

丟分狗食 - TIAU` BUN GIEU` SD^ 扔給狗吃。

2、拋擲、扔 、投。

丟上去 - TIAU` SONG HI^ 扔上去。

丟下去 - TIAU` HA HI^ 扔下去。

丟入去 - TIAU` NGIB^ HI^ 扔進去。

丟過去 - TIAU` GO^ HI^ 扔過去。

掉 - TIAU^：同「調 TIAU^」。掉換。又音 DIED`。

掉換 - TIAU^ UON^。

掉包 - TIAU^ BAU 偷換。

掉頭 - TIAU^ TEUv 掉轉頭來。

掉人 - TIAU^ NGINv 換人。

掉你搞矣 - TIAU^ Nv KAI IEv 換你挑了。

分人掉走矣 - BUN NGINv TIAU^ ZEU`UEv 被人調換調包了。

調 - TIAU^：又音 DIAU^ , TIAU , TIAUv。

1、更動、派遣。同「掉 TIAU^」。

調動 - TIAU^ TUNG^。

調任 - TIAU^ IM^。

調派 - TIAU^ PAI^。

調兵 - TIAU^ BIN。

調遣 - TIAU^ KIAN` 調派。

調上調下 - TIAU^ SONG TIAU^ HA 常被調動。

調換 - TIAU^ UON^ 掉換。

輪調 - LINv TIAU^ 輪流。

調虎離山 - TIAU^ FU`LIv SAN 引誘老虎離開，以便利安全行動。騙人
　　　　　離開根據地，以期達到某種目的。

2、才幹。

才調 - TSOIv TIAU^。

3、語音的高低、音樂的聲律。

聲調 - SANG TIAU^。

音調 - IM TIAU^。

曲調 - KYUG`TIAU^。

153

笛　TID^：亦音 TAG^。

1、竹管樂器，橫者稱笛，直者為簫。

長笛　- TSONGv TID^：flute 。

橫笛　- UANGv TID^：flute 。

黑笛　- HED` TID^：clarinet。

豎笛　- SU^ TID^：clarinet。

2、吹氣發聲的哨子 ：

汽笛　- HI^ TID^。

忒　- TIED`：「忒 TED`」的變音。太、超過。讀音 TED`。

忒狹　- TIED` HAB^　太窄。

忒闊　- TIED` FAD`　太寬。

忒高　- TIED` GO　太高。

忒矮　- TIED` AI`　太矮。

忒長　- TIED` TSONGv　太長。

忒短　- TIED` DON`　太短。

忒多　- TIED` DO　太多。

忒少　- TIED` SEU`　太少。

忒貴　- TIED` GUI^　太貴。

忒俗　- TIED` CIOG^　太賤、太便宜。

忒夜矣　- TIED` IA^ Ev　夜深了、太晚了。

忒大領　- TIED` TAI^ LIANG　衣服太大。

震　- TIN：會動、有動作、搖動。讀音 ZN`。

震動　- TIN TUNG。

莫震動　- MOG^ TIN TUNG 不要動。

不會震動　- Mv UOI^ TIN TUNG　不會動。

暢 - TIONG^：〔河洛音〕高興歡喜。讀音 TSONG`。

暢樂 - TIONG^ LOG^ 歡喜、高興、快樂。

恁暢 - AN`TIONG^ 這麼高興！

不使暢 - Mv S`TIONG^ 不必高興，悲哀就在後頭。

暢于核卵丟歇矣 - TIONG^ NGA^ HAG^ LON`DIED`HED`LEv 高興到睪
　　　　　丸都掉了，形容過於高興。

丟 - TIU`：「丟 TIAU`」的變音。又音 DIU , TIAU`。

丟歇矣去 - TIU`HED`LEv HI^ 把它丟掉算了！

妥 - TO：穩當、安全、適合。亦音 TOv， TO`。

妥當 - TO DONG^。

不妥當 - Mv TO DONG^。

辦妥矣 - PAN^ TO UEv 辦妥了。

妥協 - TO HIAB^ 融洽。

擇 - TOG^：挑選、揀選。讀音 TSED^。

揀擇 - GIAN`TOG^ 揀選。

擇菜 - TOG^ TSOI^ 把蔬菜中的雜草、黃葉揀乾淨 。

擇一枝筆 - TOG^ ID`GI BID`。

揀揀擇擇，擇到爛瓢勺 - GIAN`GIAN`TOG^ TOG^ TOG^ DO`LAN^
　　　　　PUv SOG^ 千挑萬選，卻選中了破爛的瓠瓜勺子。

推 - TOI：不接受、推辭，諉卸。讀音 TUI。

推開 - TOI KOI。

推辭 - TOI TSv 推卻。

推懶 - TOI LAN 推諉偷懶。

推不俐 - TOI Mv LI^ 推不掉。

155

推三推四 - TOI SAM TOI CI^ 以各種藉口設法推辭。

揣 - TONv：猜想、揣度。讀音 TSOI`。
揣看哪 - TONv KON^ NA^ 猜猜看。
揣著矣 - TONv TSOG^ GEv 猜對了。
揣不著 - TONv Mv TSOG^ 猜不著。
做讔分人揣 - ZO^ LIANG^ BUN NGINv TONv 出謎語給人猜。

盪 - TONG：洗。又音 TONG^。
盪嘴 - TONG ZOI^ 漱口。
洗盪 - SE`TONG 洗滌、清洗。

臭 - TU：孵過的壞卵。原音 TSU^。
臭鴨卵=鴨春 - TU AB`LON`= AB`TSUN。

動 - TUNG：靜的反面，動的。讀音 TUNG^。
震動 - TIN TUNG 有動作。
地動 - TI^ TUNG 地震。
莫動 - MOG^ TUNG 不要動。
會動 - UOI^ TUNG。
不動 -Mv TUNG 不做，沒有動作。
動不得 - TUNG Mv DED` a. 動彈不得。 b. 不可觸摸。
動于到就愾...... - TUNG NGA^ DO`CHIU^ KIEN` 動不動就生氣...... 。

試 −TS^：試探、嘗試。又音 S^。
試食 - TS^ SD^ 試吃。
試著 - TS^ ZOG` 試穿衣服鞋子。
試寫 - TS^ CUA` 嘗試新筆 ，嘗試寫作。

試用 - TS^ YUNG^ 嘗試使用。

試看哪 - TS^ KON^ NA^ 試試看。

試過矣 - TS^ GO^ UEv 試過了。

冇試不知 - MOv TS^ Mv DI 沒試過，不知道。

飼 − TS^：又音 S^，TSv。

1、餵人吃食。

飼飯 - TS^ FAN^ 餵飯。

飼粥 - TS^ ZUG` 餵食稀飯。

飼乳 - TS^ NEN^ 餵奶。

飼糊 -TS^ GANG 餵嬰兒吃米糊。

2、餵動物吃食則用「餵 WI^」，不用 "飼 TS^"。

       餵豬（WI^ ZU）、 餵狗（WI^ GIEU`）、

       餵雞餵鴨（WI^ GIE WI^ AB`）。

灼 - TSAD^：火燒。又音 NAD`，ZOG`。

灼到頭顱毛 - TSAD^ DO` TEUv NAv MO 火燒到頭髮。

拆 - TSAG`：分開。又音 TSAG^, TSAI。

拆開 - TSAG` KOI。

拆屋 - TSAG` UG` 拆毀房子。

拆字 - TSAG` S^ 測字。

拆卸 - TSAG` HA` 拆開卸下。

拆穿 - TSAG` TSON 揭底。

拆夥 - TSAG` FO` 結束合夥。

拆散家庭 - TSAG` SAN^ GA TINv 破壞家庭。

拆 - TSAG^：隔開。又音 TSAG`, TSAI。

拆開 - TSAG^ KOI 隔開。

災 - TSAI：「災 ZAI」的變音。讀音 ZAI。
風災 - FUNG TSAI。

杉 - TSAM^：杉木 - TSAM^=SA MUG` 杉樹。又音 SAM , SA。
杉板 - TSAM^ BIONG 杉樹木板。
香杉也 - HIONG TSAM^ ME` 有香味的杉木。

像 － TSAM^：「像 CHIONG^」的變音。相像。又音 CIONG^ , CHIONG^。
不像 - Mv TSAM^。
冇像我 - MOv TSAM^ NGAIv 不像我。

綻 - TSAN^：1、衝出皮外，突出皮外、花開。
綻筍 - TSAN^ SUN` 發芽。
綻皮 - TSAN^ PIv 翻皮。
綻吝 - TSAN^ LIN` 使陰莖衝出包皮之外。
綻轉來 - TSAN^ ZON` LOIv 翻皮、翻過來 ： 腸子、布條子，將內裡翻
　　　　 出到外面。
花蕾綻放 - FA LUIv TSAN^ FONG^ 花蕊開花。
2、 破綻 - PO^ TSAN^ 縫線破裂、比喻事情敗露 ,有破裂的痕跡。

棧 - TSAN^：棧也 - TSAN^ NE` 放置碗筷的櫥櫃。亦音 ZAN^。
碗棧也 - UON` TSAN^ NE` 放置碗盤的櫥櫃。

撐 - TSANGv：飽滿。又音 TSANG^。
米撐也 - MI` TSANGv NGE` 爆米花和糖，聚合成塊狀的食物。

158

臊 - TSAU：[河洛音]，肉臊味。

腥臊 - TSE TSAU 有魚有肉，菜肴豐盛，有魚腥肉臊味之意。

搜 - TSAU^：搜尋、翻尋。讀音 SEU。

搜錢 - TSAU^ CHIENv 翻尋金錢。

搜書包 - TSAU^ SU BAU 在書包裡找東西。

一間屋都搜過矣 - ID`GIAN UG`DU TSAU^ GO^ UEv 整間屋子都翻尋
　　　　　　　　　　過了。

腥 - TSE：〔河洛音〕腥是魚腥味，臊是肉臊味。讀音 CIANG。

腥臊 - TSE TSAU 有魚有肉，菜餚豐富。

恁腥臊 - AN`TSE TSAU 這麼豐富的餐食。

塌 - TSE`：塌下。讀音 TAB`，又音 LAB`。

塌塌 - TSE`TSE` 指鼻樑塌塌的不高。

塌下來 - TSE`HA LOIv 倒塌下來。

瘯 - TSE^：瘯，猶染也。獸傳染疫病而死曰瘯。亦音 JID`、 JI^。

1、傳染。

瘯人 - TSE^ NGINv 病或時尚傳染到他人。

瘯到病 - TSE^ DO`PIANG^ 被傳染到惡病。

肺病會瘯人 - FI^ PIANG^ UOI^ TSE^ NGINv 肺病會傳染。

2、蔓延。

延瘯 - IANv TSE^ 蔓延。

火瘯著屋矣 - FO`TSE^ TSOG^ UG`GEv 火燒蔓延到房屋了。

3、粄瘯 - BAN`TSE^ 米漿脫水之後，做成粄也 BAN`NE`之前，要用
　　煮熟的熟瘯 SUG^ TSE^聚合，才能展開粄皮包餡，這些生的和熟的
　　通稱粄瘯 BAN`TSE^。

細 －TSE^：瑣碎。讀音 SE^。

雜細 - TSAB^ TSE^ 瑣碎。

呻 - TSEN：痛苦時所發出的呻吟。讀音 SN。

呻痛 - TSEN TUNG^ 呼痛。

痛于緊呻 - TUNG^ NGA^ GIN` TSEN 痛得直呻吟。

襯 - TSEN^：病痛引起的淋巴腺腫或頭痛、發燒、忽冷忽熱等的併發症。讀音 TSN^。

牙齒痛，襯于牽核 - NGAv TS`TUNG^ , TSEN^ NA^ KIAN HAD^ 牙痛引起淋巴腺腫。

頭顱痛，襯于人緊顫 - TEUv NAv TUNG^ , TSEN^ NA^ NGINv GIN`ZUN 頭痛引起人發抖。

病痛襯于肥肥寒寒 - PIANG^ TUNG^ TSEN^ NA^ PIv PIv HONv HONv 病痛引起忽冷忽熱。

咀 - TSEU^：同「嚼 TSEU^」。用齒嚼食。又音 ZU`。

咀糜 - TSEU^ MIENv 嚼碎。

召 - TSEU^：招引，邀約。又音 SEU^。

召人 - TSEU^ NGINv 招邀人。

召朋友 - TSEU^ PENv YU 邀約朋友。

饕 - TSM`：貪吃，吃食不知節制。

恁饕 - AN`TSM` 吃這麼多，這麼不知節食。

闖 - TSM`：突入。又音 TSONG^。

闖入 - TSM`NGIB^ 不經許可的擅自突入。

闖禍 - TSM`FO^ 鬧出事端。

昨 - TSOv：昨日。又音 TSOG^。

昨晡日 - TSOv BU = BUN NGID` 昨天、剛過去的一天。[晡 BU 的尾音 U 與日 NGID` 的開頭音 N 連接成 BUN 音]。

昨暗晡 - TSOv AM^ BU 昨夜。

擦 - TSO^：擦拭。又音 TSAD`。

1、磨擦拭淨。

擦桌凳 - TSO^ ZOG`DEN^ 洗擦桌子凳子。

2、磨擦消去。

擦歇 - TSO^ HED` 擦掉。

擦淨 - TSO^ CHIANG^ 擦乾淨。

擦擦也 - TSO^ TSO^ UE` 黑板擦、橡皮擦。

撮 - TSO^：隔水燉煮。又音 TSOD`, ZEB`。

撮酒 - TSO^ JIU` 用酒燉肉、雞、魚。

酒撮燒來 - JIU`TSO^ SEU LOIv 酒以器皿隔水燉熱。

揤 - TSOD`：又音 TSAD`。

1、拔取。

揤籤 - TSOD`CHIAM 抽籤。

2、牽制。

揤肘 - TSOD`JIU` 受人牽制。

揤後腿 -TSOD`HEU^ TUI` 拉人後腿牽制人。

3、閃電。

風馳電揤 - FUNG TSv TIEN^ TSOD` 快速的颱風閃電。

161

4、施騙術獲得東西或達到目的。

會掣人 - UOI^ TSOD`NGINv 會欺騙人。

狡騙譧掣 - HIEU PIEN^ LIEN^ TSOD` 用不正當的手法獲利。

掣把戲 - TSOD`BA`HI^ 玩蒙騙的把戲。

擲 - TSOD`：擲標槍似的投擲。讀音 ZD`，又音 ED^，JIED^。

擲過去 - TSOD`GO^ HI^。

觸 - TSOG`：撞觸。用角抵物。兩物互撞。踫撞。讀音 TSUG`，又音 DUD`。

相觸 - CIONG TSOG` 相撞。

觸到人 - TSOG`DO`NGINv 撞到人。

車也相觸 - TSA E`CIONG TSOG` 車子相撞。

觸壞矣 - TSOG`FAI`IEv 撞壞了。

在 - TSOI：位於，存在。讀音 TSAI^。

冇在 - MOv TSOI 不在。

在桌上 - TSOI ZOG`HONG^。

在哪位 - TSOI NAI^ WI^ 在哪裡？

在這裡 - TSOI IA`LE。

在該裡 - TSOI GE^ LE` 在那裡，遠指。

在屋家 - TSOI UG`GA 在家裡。

衰 - TSOI：又音 SOI，TSUI。

衰過 - TSOI GO^ 可憐、可悲，惹人憐。

疽 - TSOIv：身上、皮外長的膿瘡。又音 KI。

發疽也 - BOD`TSOIv IE` 生膿瘡。

162

彩 - TSOI`：兆頭。讀音 TSAI`。

彩頭 - TSOI`TEUv 兆頭、預兆。

材 – TSOI^：又音 TSAIv , TSOIv。

1、竹木一截：

一材甘蔗 - ID`TSOI^ GAM ZA^。

2、皮肉的質相。

肉材 - NGYUG`TSOI^。

丈 - TSONG：對親戚的尊稱。讀音 TSONG^。

姊丈 - JI`TSONG 姊夫。

姑丈 - GU TSONG 姑母的丈夫。

姨丈 - Iv TSONG 姨母的丈夫。

丈公 - TSONG GUNG 姨婆、姑婆的丈夫。

丈人老 - TSONG NGINv LO` 岳父、老丈人。

丈母哀 - TSONG ME OI 丈母娘、岳母。

樞 - TSU：主要的。亦音 SU。

1、門軸。

戶樞 - FU^ TSU。

樞軸 - TSU ZUG` 樞要所在。

2、主要的地方。

中樞 - ZUNG TSU。

樞要 - TSU IEU^ 辦事總機關。

樞紐 - TSU NEU` 事物的主要點。

暑 - TSU`：炎熱。亦音 SU`。

暑假 - TSU`GA`。

暑氣 - TSU`HI^ 熱氣。

暑期 - TSU`KIv 夏天。

消暑 - SEU TSU` 消除夏熱。

避暑 - PID`TSU` 躲避炎熱。

小暑 - SEU`TSU` 節候名，在陽曆七月七、八日。

大暑 - TAI^ TSU` 節候名，在陽曆七月二十三、四日。

處暑 - TSU^ TSU` 節候名，在陽曆八月二十三、四日。

捽 - TSUD^：擦拭，磨擦，拔取。又音 ZUD`。

1、擦拭。

捽手 - TSUD^ SU` 擦手。

捽嘴 - TSUD^ ZOI^ 擦嘴。

捽燥 - TSUD^ ZAU 擦乾。

2、摩擦：

捽來火 - TSUD^ LOIv FO` 摩擦生火的火柴。

3、拔：

捽草 - TSUD^ TSO` 拔草。

捽髮 - TSUD^ FAD` 拔頭髮。

擦 - TSUD^：同捽 TSUD^。擦拭。又音 TSAD`, TSO^。

擦桌也 - TSUD^ ZOG`GE` 擦桌子。

擦燥來 - TSUD^ ZAU LOIv 擦乾它。

擦涕 - TSUD^ PI^ = TI^ 擦鼻涕。

擦自來火 - TSUD^ TS^ LOIv FO` 擦點火柴。

畜 - TSUG`：牲畜。又音 HYUG`。

牲畜 - SEN TSUG` 飛禽走獸，作為代替人罪的犧牲品。

畜生 - TSUG`SANG 牲畜、罵人禽獸。

164

畜牧 - TSUG`MUG^ 飼養牲畜。

畜養 - TSUG`IONG 飼養。

六畜興旺 - LYUG`TSUG`HIN UONG^ 家畜旺盛。

嗽 －TSUG^：咳嗽。讀音 SEU^。

咳嗽 - KIED`TSUG^ 氣管的粘膜受痰或受氣體的刺激而發出咳聲 。

緊嗽 - GIN`TSUG^ 一直咳嗽。

嗽冇停 - TSUG^ MOv TINv 咳嗽不停。

讀音 SEU^。

磟 - TSUG^ = TUG^：農具之一。又音 TUG^。

碌磟 - LUG^ TSUG^ = TUG^ 把水田中的長草壓入泥中，也把泥土拖平的農
具。

粹 - TSUI^：亦讀 SUI^。

1、精華：

國粹 - GUED`TSUI^。

2、純一不雜：

精粹 - JIN TSUI^ 精純。

純粹 - SUNv TSUI^ 純一不雜。

伸 - TSUN：拉長、舒展。又音 LEv , SN。

伸腰 - TSUN IEU。

伸手 - TSUN SU`。

伸長 - TSUN TSONGv 延伸。

伸直 - TSUN TSD^ 彎變直。

又音 LEv , SN。

剩 - TSUN：餘下的。讀音 SUN^。

剩個 - TSUN GE^ 剩下的。

剩冇幾多 - TSUN MOv GI` DO 剩下無幾。

冇剩 - MOv TSUN 沒有剩下。

剩三日就畢業矣 - TSUN SAM NGID` CHIU^ BID` NGIAB^ BEv。

抻 - TSUN^：用手揉搓使血液流暢。

抻腳 - TSUN^ GIOG` 揉搓腳上青腫的患部。

熏 - TSUNG^：煙熏。讀音 HYUN。

1、煙向上冒，以煙熏炙。

熏腳 - TSUNG^ GIOG` 以燒藥草或藥物的煙，熏炙腳底。

2、氣味刺激人的鼻喉。

熏人 - TSUNG^ NGINv 臭味逼人。

3、熏老鼠 - TSUNG^ LO^ TSU` 以煙逼老鼠出來。

椏 - UA = PA`：樹枝。又音 A , PA`。

分椏 - FUN UA 分枝。

樹椏 - SU^ UA = PA` 樹枝。

杈 - UA：分枝。通「椏 UA」。又音 TSA , TSA^。

樹大分杈 - SU^ TAI^ FUN UA 亦喻兄弟長大後分家。

偎 - UA`：親近依傍。讀音 WI。

偎靠 - UA` KAU^ 依靠。

偎依 - UA` I 依靠。

偎憑 - UA` BEN^ 憑靠。

偎傍 - UA` BONG` 偎依。

偎大片 - UA`TAI^ PIEN` 投靠強大的一邊。

偎大析 - UA`TAI^ SAG` 投靠強大的一塊。

西瓜偎大片 - CI GUA UA`TAI^ PIEN` 諭投機的人靠向強大的一邊。

話 - UA^：口責、勸導。讀音 FA^。

話伊不聽 - UA^ Iv Mv TANG 勸他不聽。

不聽人話 - Mv TANG NGINv UA^ 不聽人勸導。

同我挺話 - TUNGv NGAIv TEN^ UA^ 幫我責勸他。

挖 - UAD`：從盛器中挖出糊狀、膠狀物。又音 IAD`, UA。

挖糭 - UAD`GANG 挖漿糊。

挖藥膏 - UAD`IOG^ GAU。

挖不起來 - UAD`Mv HI`LOIv。

挖一些分我 - UAD`ID`CID`BUN NGAIv 挖一些給我。

裂(罅) - UAD^：裂縫、脫裂。同「罅 UAD^」。讀音 LIED^。 語音 UAD^。

裂(罅)縫 - UAD^ PUNG^ 裂縫。

裂(罅)鼻 - UAD^ PI^ 掛鼻環的鼻肉裂開了。

裂(罅)嘴 - UAD^ ZOI^ 兔唇、嘴唇裂開。

裂(罅)耳 - UAD^ NGI` 耳朵有裂痕缺口，杯子等陶瓷器的提耳斷裂。

裂(罅)歇矣 - UAD^ HED`LEv 脫裂了。

揭 - UAG`：用棍子揭開刁起或探索。讀音 GIAD`。又音 IAD`。

揭開 - UAG`KOI。

揭起來 - UAG`HI`LOIv 勾起來。

揭看哪 - UAG`KON^ NA^ 用棍子探一探看。

嗇 - UAI：捨不得、吝嗇。另音 CID`, SAI^, SEB`, TSAD`。

167

恁嚙 - AN`UAI 這麼吝嚙。

還 - UANv：償付、復回、歸還 。又音 FANv . HANv。

還書 - UANv SU。

還錢 - UANv CHIENv。

償還 - SONG`UANv 歸還 ， 償付。

橫 - UANG^：跌倒、摔倒、摔躺在地、歪斜。又音 UANGv。

橫倒 - UANG^ DO` 摔倒。

橫橫 - UANG^ UANG^ 橫倒著的 ， 歪斜的。

橫下來 - UANG^ HA LOIv 倒摔下來。

梗橫人 - GANG`UANG^ NGINv 絆倒人。

曲 - UD`：「曲 KYUD`」的變音。又音 GYU`, KIAU , KYUD`, KYUG`。

1、使彎曲或使變直、使直的彎曲 ， 拗。

曲圓 - UD`IANv 拗彎成圓形。

曲直 - UD`TSD^ 使彎的拗成直的。

曲不直 - UD`Mv TSD^ 彎曲的拗不直、有理說不清。

曲不轉 - UD`Mv ZON` 脾氣拗不過來。

曲分伊彎 - UD`BUN lv UAN 把他弄彎、把直的拗曲。

2、骨關節脫臼或扭傷。

腳曲到矣 - GIOG`UD`DO`UE` 腳關節扭傷了。

3、身體四肢卷曲。

腳曲穩矣 - GIOG`UD`UN`NEv 腳卷曲著。

4、曲頭 UD`TEUv = 曲歇矣 - UD`HED`LEv 天才沒有人栽培、天才夭折 ；

人才因環境限制，不能顯露才能。

抔 - UD`：以插箕裝谷物入袋或以畚斗裝垃圾。又音 BUD`, PEUv。

抔地圾 - UD`TI^ SEB` 以畚斗收垃圾。

抔穀入袋 - UD`GUG`NGIB^ TOI^ 裝穀入袋。

渾 – UNv=UN^：水濁。又音 FUNv, FUN^。

1、水濁不清。

渾水 - UNv SUI` 濁水。

渾渾 - UNv UNv 水混濁不清。

渾濁 - UNv TSUG^ 污濁。

2、全。

渾身 – Unv=UON SN 週身、滿身。

渾括 - UNv GUAD` 包括。

渾渾噩噩 - UNv UNv NGOG^ NGOG^ 毫無欺詐的厚道樣子，或傻傻呆呆
貌。

3、光圓。

渾圓 - UNv IANv。

4、肚子悶痛。

渾渾渾渾 - UNv UNv UN^ UN^。

摑 - UOG`：打以巴掌。又音 GUED^。

摑一巴掌 - UOG`ID`BA ZONG`。

穫 - UOG`：收割農作物。亦讀 FED^。

收穫 - SU UOG`。

鍋(鑊) - UOG^。煮飯、煮湯的烹飪器具。鍋讀音 GO^。

鍋(鑊)也 - UOG^ GE` 鍋子。

飯鍋(鑊) - FAN^ UOG^。

電鍋(鑊) - TIEN^ UOG^。

雙耳鍋(鑊) -SUNG NGI` UOG^ 。

會 - UOI^：會、能，曉得，能幹。讀音 FI^，又音 KUAI^ 。

不會 - Mv UOI^ 。

會做 - UOI^ ZO^ 。

會食 - UOI^ SD^ 。

恁會 - AN` UOI^ 這麼能幹。

逞會 - TSN` UOI^ 比能力。

假會 - GA` UOI^ 假裝會，逞英雄。

會不會 - UOI^ Mv UOI^ ？

盡會食 - CHIN^ UOI^ SD^ 很會吃。

蓋會讀書 - GOI^ UOI^ TUG^ SU 很會讀書。

渾 - UON：整個，全部。又音 FUNv，FUN^，UNv，UN^ 。

渾身 - UON SN 全身。

渾隻 - UON ZAG` 整隻。

渾下 - UON HA^ 整個。

渾間屋 - UON GIAN UG` 整間房屋。

喚 - UON`：呼叫、指派、指使。讀音 FON^ 。

喚人去買 - UON` NGINv HI^ MAI 派人去買。

喚伊來做 - UON` Iv LOIv ZO^ 叫他來做。

喚不動 - UON` Mv TUNG 使喚不動。

換 - UON^：讀音 FON^ 。

1、對調。

交換 - GAU UON^ 。

調換 - TIAU^ UON^ 。

更換 - GANG UON^。

換班 - UON^ BAN。

2、改變、更改。

換衫 - UON^ SAM 換衣服。

換錢 - UON^ CHIENv 兌換錢幣、零錢。

換藥 - UON^ IOG^ 改換藥物。

抨 - UONG：「抨 PONG」的變音：捶打人。又音 PONG。

抨人 - UONG NGINv。

衁 - UONG^：血。又音 FONG。

豬衁也 - ZU UONG^ NGE` 豬血。

雞衁也 - GIE UONG^ NGE` 雞血。

流鼻衁也 - LIUv PI^ UONG^ NGE` 流鼻血。

膩 - WI^：厭煩、膩了。又音 NE^, NI^。

食膩矣 - SD^ WI^ IEv 吃膩了。

看膩矣 - KON^ WI^ IEv 看膩了。

看到就膩 - KON^ DO`CHIU^ WI^ 看見就覺得膩。

又音 NE^, NI^。

豁 - WID`：「豁 UOG`」的變音。扔、擲、拋棄、丟掉。又音 HOG`。

豁歇 - WID`HED` 丟掉。

豁過去 - WID`GO^ HI^ 將小工具等扔過去 。

豁上去 - WID`SONG HI^ 扔上去。

籲 - YUI^。又音 I^。

1、大聲喊叫。

171

籲籲呼呼 - YUI^ YUI^ FU FU。

籲于恁大聲 - YUI^ IA^ AN` TAI^ SANG 呼喊得那麼大聲。

籲人來救 - YUI^ NGINv LOIv GYU^ 大聲呼救。

2、請求，招求。

呼籲 - FU YUI^。

籲求 - YUI^ KYUv。

籲請 - YUI^ CHIANG`。

籲天 - YUI^ TIEN 向天呼求。

籲俊 - YUI^ ZUN^ 招求俊才。

紮 - ZAD`。又音 TAG`, ZAB`, ZAD^。

1、纏緊。

紮紗布 - ZAD`SA BU^ 以紗布包紮傷口。

用布紮緊 - YUNG^ BU^ ZAD`HENv 用布紮緊。

2、心胸受壓、不開朗。

心肝紮紮 - CIM GON ZAD`ZAD` 心緒不開朗。

測 - ZAD`：量力而為。忖量時間、大小、輕重、長短。讀音 TSED`。

測力做 - ZAD`LID^ ZO^ 量力而為。

測時間 - ZAD`Sv GIAN 量好時間做。

測看哪 - ZAD`KON^ NA^ 忖度看看。

測脈 - ZAD`MAG` 把脈。

截 - ZAG^：攔截。又音 JIED`。

攔截 - LANv ZAG^。

截到矣 - ZAG^ DO`UEv 攔截到了。

莫截伊 - MOG^ ZAG^ Iv 別阻攔他。

去頭前截 - HI^ TEUv CHIENv ZAG^ 到前面去攔截！

172

賊也在路上，分人截到矣 - TSED^ LE` TSOI LU^ HONG^，BUN NGINv ZAG^
DO` UEv 小偷在路上被人攔截到了。

粳 - ZAM。讀音 GANG。

粳也 - ZAM ME` 在來種的禾稻、稻穀、稻米。

粳米 - ZAM = GANG MI` 無黏性的、煮飯的米，在來米、長形米。

碾 - ZAN^：同「輾 ZAN`，ZAN^」。亦音 ZAN`。

1、壓碎，研磨。

碾米 - ZAN^ MI` 礱穀成米。

碾藥 - ZAN^ IOG^ 研碎藥材成粉。

2、輾壓。

碾壓 - ZAN^ AB`。

碾平 - ZAN^ PIANGv 以輪滾壓平。

碾筒 - ZAN^ TUNGv 滾筒。

碾石 - ZAN^ SAG^ 石頭製成的滾筒。

3、滾動。

滾滾碾 - KUN` KUN` ZAN^ 在地上滾動。

踵 - ZANG：腳後跟。又音 ZUNG`。

腳踵 - GIOG` ZANG 腳跟。

高踵鞋 - GO ZANG HAIv 高跟鞋。

繕 - ZANG`：把壞的、不全的器物修補好、整修好、修理、補綴。讀音 SAN^。

繕屋 - ZNANG` UG` 整修屋子。

修繕 - CIU ZANG` 整修。

繕車也 - ZANG` TSA E` 修車子。

繕好矣 - ZANG` HO` UEv 修好了。

173

整 - ZANG`：同「繕 ZANG`」、修繕，修理。讀音 ZN`，又音 GIN`。

修整 - CIU ZANG`。

整車也 - ZANG` TSA E` 修車子。

整屋整好矣 - ZANG` UG` ZANG` HO` UEv 修房子修好了。

正 - ZANG^。又音 ZN^, ZANG。

1、不偏、不歪。

不正 - Mv ZANG^。

坐正來 - TSO ZANG^ LOIv 坐好，坐正。

放冇正 - BIONG^ MOv ZANG^ 沒有擺正。

2、為人老實、正直。

做人盡正 - ZO^ NGINv CHIN^ ZANG^ 為人正直、不偏不倚。

3、即將。

正愛去 - ZANG^ OI^ HI^ 正準備去。

4、剛剛，才。

正=才食飽 - ZANG^ SD^ BAU` 剛吃飽。

正=才買個 - ZANG^ MAI GE^ 剛買的。

才 - ZANG^。讀音 TSOIv, 又音 NGIANG^。

1、剛才、剛剛。

才來 - ZANG^ LOIv。

2、只有、僅僅。

才買一粒 - ZANG^ MAI ID` LIAB^ 只買一個。

3、才：

寫好才睡 - CIA` HO` ZANG^ SOI^。

入來才講 - NGIB^ LOIv ZANG^ GONG` 進來再說。

愛食飯才會大 - OI^ SD^ FAN^ ZANG ^ UOI^ TAI^ 要吃飯才會長大。

174

掙 - ZANG^：用力、出力。又音 ZANG , ZEN。

出力掙 - TSUD`LID^ ZANG^ 出力撐、出力逼出。

再掙一下添 - ZAI^ ZANG^ ID`HA^ TIAM 再用力多撐一些時間。

掙不出來 - ZANG^ Mv TSUD`LOIv 如生孩子或大便，擠逼不出來。

涔 － ZEv = ZE^：「涔 ZMv」的變音。又音 TSEMv , TSMv , ZEMv , ZMv , ZM^。

涔涔涔涔 - ZEv ZEv ZE^ ZE^ 下雨不停貌。

醜 - ZE`：不美、「醜 TSU`」的土語。讀音 TSU`。

盡醜 - CHIN^ ZE` 很醜。

生到恁醜個細妹也 - SANG DO`AN`ZE`GE^ SE^ MOI^ IE` 長得這麼醜
的女孩子。

姊 - ZE^ = JI`：又音 Z`。

1、同母所生中 , 先出生的。

阿姊 - A ZE^ = JI` 姊姊。

2、對同輩女子的尊稱，常在名字後加「姊」。

秋英姊 - CHIU IN ZE^ = JI`。

撮 - ZEB`：用兩、三個手指抓取東西。又音 TSOD`。

撮茶心 - ZEB`TSAv CIM 抓取些許茶葉。

撮鹽 - ZEB`IAMv 抓取些許的鹽。

一撮鹽 - ID`ZEB`IAMv 一小撮、少量鹽。

側 - ZED`：側放，側著身體睡，不是平躺。讀音 TSED`。

打側睡 - DA`ZED`SOI^ 側著身體睡覺。

打側放 - DA`ZED`BIONG^ 側放 , 不是平放。

蹬 - ZEMv：馬蹄、牛腳或人穿皮鞋踩人。又音 DEM`。

蹬人 - ZEMv NGINv 踩人。

蹬印 - ZEMv IN^ 蓋章。

分牛蹬到 - BUN NGYUv ZEMv DO` 被牛踩到。

贅 - ZEU：男子到女家成婚，同「招 ZEU」的招贅項。讀音 ZUI^。

贅婿郎 - ZEU SE^ LONGv 招贅女婿。

贅老公 - ZEU LO`GUNG 女人招贅男人為夫。

分人贅 - BUN NGINv ZEU 男人被招贅到女家。

揕 - ZM^：1、擊、刺。又音 ZEMv。

揕其胸 - ZM^ KIv HYUNG 擊、刺其胸部。

2、用指甲刺壓。

揕人 - ZM^ NGINv 用指甲刺壓人。

用手指甲揕梨也 - YUNG^ SU`Z`GAB`ZM^ LIv IE` 以指甲刺壓梨子，
試其成熟度。

針 - ZM^：刺入後扣緊。又音 ZM。

銀針也 - NGYUNv ZM^ ME` 別針。

涔 － ZMv= ZM^。又音 TSEMv，TSMv，ZEv，ZE^，ZEMv。

涔涔雨 - ZMv ZM^ I` 下不停的大雨。

喌 - ZOD^：用口或器具吸吮。

喌奶 - ZOD^ NEN^ 吸奶。

喌田螺 - ZOD^ TIENv LOv 吸出田螺肉。

坍 - ZON^：屋牆倒塌。讀音 TAN。

牆坍歇矣 - CIONGv ZON^ HED`LEv 牆倒了。

屋也坍歇矣 - UG`GE`ZON^ HED`LEv 房子坍塌了。

蹟 - ZUG^：顛簸、上下跳動。亦音 ZD`。

蹟頓 - ZUG^ DUN^ 車子上下顛簸顛頓。

車也緊蹟 - TSA E`GIN`ZUG^ 車子一直在顛簸抖跳。

錢蹟出來矣 - CHIENv ZUG^ TSUD`LOIv IEv 錢被顛簸抖出來了。

書蹟于跌歇矣 - SU ZUG^ GA^ DIED`HED`LEv 書被車子顛簸抖掉了。

顫 - ZUN：發抖。又音 TSAN^, ZAN^。

凍于緊顫 - DUNG^ NGA^ GIN`ZUN 凍得發抖。

驚于緊顫 - GIANG NGA^ GIN`ZUN 怕得發抖。

客家語文變音漢字

Umlaut Hagga Language Characters

劉丁衡　編著

Liu ten jen　compiled

www.ingramcontent.com/pod-product-compliance
Lightning Source LLC
Chambersburg PA
CBHW060245050426
42448CB00009B/1580